HR精英必备的财务通识手册

杨 凤 ◎ 编著

中国铁道出版社有限公司
CHINA RAILWAY PUBLISHING HOUSE CO., LTD.

内容提要

这是一本站在 HR 的角度学习财务知识的工具书，主要介绍的是 HR 需要了解的一些财务知识，包括基本知识、工资的核算、人力资源部门的费用开支、个人所得税的缴纳、人力资源成本的控制、人力资本的投入及从人力资源方面如何防范财务风险等内容，帮助 HR 深入了解自己的工作职责及义务。

本书适合各类企业的 HR，包括一般的人事专员和高级人事管理人员阅读。另外，也可作为企业内部的行政管理人员的学习参考用书。

图书在版编目 (CIP) 数据

HR 精英必备的财务通识手册 / 杨凤编著. — 北京：中国铁道出版社有限公司, 2021.10
ISBN 978-7-113-28246-2

Ⅰ. ① H⋯　Ⅱ. ①杨⋯　Ⅲ. ①企业管理 – 财务管理
Ⅳ. ① F275

中国版本图书馆 CIP 数据核字（2021）第 162512 号

书　　名：HR 精英必备的财务通识手册
　　　　　HR JINGYING BIBEI DE CAIWU TONGSHI SHOUCE
作　　者：杨　凤

责任编辑：王　佩　张文静　　编辑部电话：（010）51873022　　邮箱：505733396@qq.com
封面设计：宿　萌
责任校对：孙　玫
责任印制：赵星辰

出版发行：中国铁道出版社有限公司（100054，北京市西城区右安门西街 8 号）
印　　刷：三河市兴达印务有限公司
版　　次：2021 年 10 月第 1 版　2021 年 10 月第 1 次印刷
开　　本：700 mm×1 000 mm　1/16　印张：14.75　字数：195 千
书　　号：ISBN 978-7-113-28246-2
定　　价：59.80 元

版权所有　侵权必究

凡购买铁道版图书，如有印制质量问题，请与本社读者服务部联系调换。电话：（010）51873174
打击盗版举报电话：（010）63549461

前言

HR负责管理企业人力资源,一切与"人"有关的事务都属于HR的管理范围。由此可见,HR的工作内容范围非常广,也表示其工作内容复杂、烦琐。

HR的工作性质决定了其工作中并不能"独善其身",他们需要与企业内部的其他职能部门有密切的业务沟通,其中包括财务部门。

我们都知道,财会人员的工作内容中,有一项就是核算全公司所有员工的工资数额。而要得到最终的工资统计数据,必然需要借助HR的力量,由HR先核算出每位员工的工资明细数据,再将其递交给财会人员,由财会人员统计数据,然后做账。

因此,HR与财会人员之间的工作衔接问题尤为突出。衔接不好,轻则工资数据计算错误;严重时可能使企业面临财务风险,甚至是税务风险,从而造成不必要的经济损失。

而实务中,HR很难系统地掌握一些必要的财务知识,以至于和财会人员之间的沟通出现障碍,工作不顺利。为了帮助HR解决这一问题,我编写了本书,使HR能够切实掌握一些自身工作会涉及的财务知识,也可以为HR和财会人员进行业务沟通、交流扫清障碍。

本书共 8 章，可划分为三个部分：

- 第一部分为第 1 章，主要介绍了 HR 需要了解的一些基础财务知识，包括人力资源的工作与财务的联系、公司的财务管理目标、与人力资源管理有关的会计科目、原始凭证的填制规范和审核方法、会计账簿的类型、会计资料的使用规范及四大财务报表等。
- 第二部分为第 2~7 章，围绕员工的工资核算、五险一金的缴纳、人力资源管理中的费用开支、个人所得税的计缴、人力资源成本的控制和人力资本投入等方面介绍与 HR 的工作息息相关的财务知识，使 HR 学习有关财务知识的同时能更深入地了解自己的工作职责。
- 第三部分为第 8 章，主要讲解了企业如何从人力资源管理方面防范财务风险，以及 HR 在防范财务风险的过程中需要做的事情和采取的一些措施。

书中讲解的内容并不难，且语言通俗易懂，即使没有基础，也可以轻松地学习和掌握一些实用的财务知识。在主体内容的讲解之余，还穿插了一些案例和拓展知识，可以帮助读者更全面、更系统地掌握与人力资源相关的财务知识点，以及相关从业者在职场中更好地与财务部门沟通、交流。

最后，希望所有读者都能从本书中学到想学的知识，快速打破财务壁垒，提高自身业务能力。

编　者

目录

第 1 章　HR 精英需要懂得的财务知识

财务工作将企业内部的其他各方面工作联系起来，使得大多数工作内容都会涉及财务知识，人力资源工作也不例外。作为企业的 HR，对一些财务常识要有清晰的认识和了解，这样才能提高自身的工作能力，为自己在人力资源方面成为精英奠定扎实的基础。

人力资源的工作与财务有什么联系　/2

HR 也需要了解公司的财务管理目标　/5

哪些会计科目与人力资源有关　/9

原始凭证的填制规范　/11

如何正确且高效地审核原始凭证　/18

公司有哪些类型的会计账簿　/21

各类会计资料的使用规范与保管期限　/27

认识公司的四大财务报表　/31

了解公司资金的运动轨迹　/40

从财务分析法中得到人力资源管理的启示　/42

第2章　财务知识有助于分析核算员工工资

人事管理中一个非常重要的内容就是员工工资的核算与发放，这在会计工作中也是一项重要工作内容。HR在分析核算员工工资方面与财务关系密切，因此HR有必要了解这方面的财务知识，以便更好地协助财务部做好工资管理工作。

了解公司需要怎样的财会人才　/47

财务核算中的员工工资有哪些　/53

员工工资用哪些会计科目核算　/59

员工的年终奖要计入员工工资吗　/64

薪酬管理与财务管理有什么关联　/68

外派和派驻的员工工资要怎么处理　/70

员工工资明细表与财务部工作的联系　/72

第3章　通过财务知识深入了解五险一金

五险一金关系着企业内部所有员工的切实利益，而核算五险一金也是核算员工工资的一项重要工作内容，只有算清楚五险一金，才能算清楚员工实际应得或实际拿到手的工资究竟有多少。所以进行薪酬管理的人力资源部及其内部所有HR，必须要深入了解五险一金的相关知识。

认识社保在财务核算中的缴费基数与比例　/75

核算员工住房公积金的要点　/78

五险一金的缴纳要区分单位和个人　/81

社保与住房公积金的其他注意事项　/82

社保和住房公积金是个人所得税的税前扣除项　/84

HR 要懂养老保险的 4 个组成部分　/86

社保以外的商业保险涉及的财务问题　/88

第 4 章　人力资源管理中的各种开支与财务的联系

　　人力资源部门作为企业经营管理工作中的一个重要职能部门，日常开展人力资源管理工作时难免会涉及各种费用的开支。而无论是哪方面的开支，只要发生了，就必须通过财务工作进行账务处理，真实且详尽地反映企业经营过程中的各种资源耗费。因此 HR 要了解自身工作中的开支与财务的联系。

招聘发生的费用开支怎么核算　/91

收到外单位开具的发票或单据应该怎么处理　/94

员工培训费支出也需要做账　/101

员工的各种补贴如何做账　/102

职工福利费支出的税会差异是什么　/109

HR 出差时是借款还是垫付　/110

HR 工作中产生的业务招待费怎么算　/113

第 5 章　HR 精英必然要懂个人所得税

　　HR 的工作实质是管理企业的"人"，一切与"人"有关的事务都需要 HR 了解和处理。而个人所得税与"人"息息相关，该税费的高低直接由"人"的收入多少决定，而且也反作用于"人"最终可以拿到手的工资数额。由此可见，HR 必须懂得个人所得税及其相关的财税知识。

了解个人所得税法中的重要内容　/117

哪些收入需计入员工工资计缴个人所得税 /118

学会区分个人所得税的免征额与起征点 /123

了解个人所得税的税率标准 /124

计缴个人所得税时，哪些项目可扣除 /128

员工要缴纳的个人所得税由公司代扣代缴 /132

熟知个人所得税常见优惠政策 /134

汇算清缴是怎么回事儿 /136

第6章　了解财务可以更好地控制人力资源成本

　　"人"在企业的经营管理工作中是一个必要且重要的因素，没有人员的参与，企业的工作难以开展。而"人"在参与企业的经营管理活动时付出了劳动，企业需向劳动者支付对等的报酬，对企业来说，支出的这部分报酬就是人力资源成本，控制好这项成本对企业的长期发展非常有利，HR必须要知道。

公司的人力资源成本有哪些 /139

人力资源中存在哪些隐性成本 /142

什么是企业的职工教育经费 /144

做好人力资源成本的预算 /146

如何从人员招聘活动中节省人力资源成本 /149

如何使培训费支出发挥最大作用 /157

员工考勤如何影响人力资源成本 /159

怎么核算员工出差发生的费用 /162

员工辞职与被辞退的会计核算一样吗 /163

要知道企业所得税是怎么一回事　/166

怎么利用薪酬进行税务筹划　/170

第7章　从财务的角度看人力资本投入

  人力资本与物质资本相对，也称非物质资本，是体现在劳动者身上的资本，如劳动者的知识技能、文化技术水平和健康状况等。很显然，这些资本在会计核算上不能明确地计量，但确实在企业的经营活动中起着重要作用，且与人力资源管理有着莫大关系。因此，HR要从财务角度理解人力资本投入。

  人力资本的投入涉及哪些方面　/173

  人力资本与人力资源的关系　/175

  什么是人力资本投资的财务化管理　/176

  人力资本的投入会有收益吗　/180

  什么是人力投入的边际效益　/182

  人力资本的投入如何影响财务绩效　/184

  什么是股权激励　/186

  股权激励中有哪些会计核算工作　/191

  企业文化建设是不是人力资本投入　/196

  文化建设能给企业带来财务效益吗　/197

第8章　人力资源方面如何防范企业财务风险

  HR要明白，并不是只有财务工作才会给企业带来财务风险，实际上企业内部所有职能部门及全体员工的行为都会，人力资源管理也不例外。企业一旦陷入财务风险中，不仅经济会受到损失，而且还可能受到严重处罚。作为企业的一员，HR 要了解人力资源工作中防范企业财务风险的一些措施。

财务风险是什么 /199

人力资源方面存在哪些财务风险 /206

规范拟定劳动合同的内容 /208

考勤记录要严格且清晰 /212

约束员工的不规范行为 /215

协助财务人员打击财务舞弊行为 /217

工资标准有变动时需及时告知财务部 /220

要制定科学、规范的工作交接制度 /221

保管好劳动合同资料以规避经济纠纷 /224

第 1 章

HR 精英需要懂得的财务知识

> 财务工作将企业内部的其他各方面工作联系起来，使得大多数工作内容都会涉及财务知识，人力资源工作也不例外。作为企业的 HR，对一些财务常识要有清晰的认识和了解，这样才能提高自身的工作能力，为自己在人力资源方面成为精英奠定扎实的基础。

人力资源的工作与财务有什么联系

人力资源即人事,也是专业人士所称的HR。从广义的角度看,人力资源指人力资源管理工作,主要包括人力资源规划、招聘、培训、绩效、薪酬和劳动关系六大模块。

在这六大模块中,招聘活动和培训活动的费用开支会涉及钱账处理,员工绩效、薪酬和劳动关系会涉及会计核算和账务处理。由此来看,人力资源的工作与财务之间有着紧密的联系,具体可从以下几个方面来了解:

(1)人力资源规划与财务管理中人工成本的预算有关

人力资源规划是企业为了完成生产经营目标,根据自身内外环境和条件的变化,对企业未来的人力资源需求和供给状况进行分析和估计,再运用科学方法设计组织结构,对人力资源的获取、配置、使用和保护等环节进行的职能性策划,最终要制订企业人力资源供需平衡计划,保证事(岗位)得其人,人尽其才。

这些工作从人力资源方面看属于管理范畴,在财务方面,就涉及人工成本的预算。因此,人力资源部通常需要定期向财务部门提交人力资源成本预算,方便企业开展财务管理工作,控制经营成本。

(2)招聘工作与财务中有关费用的确认相关

企业在招聘过程中可能发生一些费用,如招聘广告费、面试资料费、办公用具置办费、面试人员生活补贴、面试人员培训费和场地租赁费等。这些费用一旦发生,在财务上就要进行相应的会计核算与账务处理。因为企业的每一笔钱款开支都要有相应的会计记录。

HR在开展招聘活动时，如果发生了这些费用，能获取发票的要索取发票，不能获取发票的也要向对方索要有效的凭证或证明文件。在规定时间内将这些资料递交给财务部，财会人员会根据这些凭证做账。一般来说，财会人员会将招聘过程中发生的各种费用支出确认为管理费用进行核算。

（3）培训活动与财务中的有关费用相关

每个企业都会按照自身的经营管理需求，对不同部门的员工进行定期或不定期的工作培训，以期提高员工的工作能力，进而提高其工作效率和效益。而在开展培训活动过程中，常常会发生一些资料复（打）印费、外聘培训专家的聘请费或企业本指派的培训人员的工资支出、资料购买费及因开展培训活动发生的其他费用。

这些费用也需要在发生时进行会计核算与账务处理，因此HR也必须保管好相关的凭证和资料，作为财会人员做账的依据。通常，财会人员会将企业在培训活动中发生的各项费用统一计入管理费用中，如果企业会计核算系统健全，还可进行明细核算，即使用"管理费用——培训费"科目核算培训活动中发生的费用支出。

（4）绩效、薪酬和劳动关系与财务之间的联系

绩效、薪酬和劳动关系不仅与企业的财务工作有关，也关系着企业内员工个人的利益。绩效的好坏直接与员工绩效工资挂钩，进而与其最终获得的薪酬有关；而薪酬则包括应发与实发的处理；劳动关系则关乎企业人力成本的变动和员工的在（离）职状态。这三者与财务之间的联系可从如下三点进行理解。

◆ 绩效考核结果、薪酬发放与工资核算的联系

在财会人员核算企业员工的工资前，先要 HR 对企业内部部分员工的绩效进行考核，然后核算所有员工的应发工资数额。这些数据最终会反映在相应的表格中递交给财务部，财会人员再根据这些表格数据核算每位员工的工资。核算时，会用到的会计科目主要是"应付职工薪酬"。

◆ HR 制作工资明细表作为会计核算的原始凭证

在 HR 核算出企业内部所有员工的基本工资、绩效工资或提成、奖金和应发工资等数据后，需要将这些数据整理到一张表格中，通常称为"企业员工工资明细表"，然后将该工资明细表递交给财务部，用于会计核算。

◆ 社保、住房公积金和实发工资的确认与财务的关联

公司财务部每月都会有专门的财会人员向当地社保局和住房公积金管理中心申报缴纳员工的社保和住房公积金，然后社保局和住房公积金管理中心会根据当地社保和住房公积金缴存基数标准与缴费比例，核算出公司员工应缴纳的社保费和住房公积金数额，并向公司出具相应的明细表。

公司财务部收到社保和住房公积金缴存明细表后，结合前述人力资源部递交的工资明细表，核算公司当期员工的应付职工薪酬总额和实际发放金额。然后通知人力资源部制作员工工资条，作为发放工资的依据。由此可见，在社保、公积金和实发工资等方面，人力资源部的工作与财务部的工作是相辅相成的。

（5）发生的费用可选事前预借或事后报销

在前述提及的很多人力资源工作中，涉及费用开支的，HR 可以在费用发生之前先向企业财务部申请借款，开展活动后直接用预借的款项支付，活动结束后再向财务部进行报销，未使用完的借款要通过财务部归还给公司；借款不够的要在报销时向财会人员说明并要求补付钱款。

HR 也可选择在费用发生后向企业财务部申请报销，发生多少费用支出，在提供合理、有效的证明文件或凭证后，就可据实报销多少费用。但 HR 要注意，选择不同的费用报销方式，会直接影响财会人员的账务处理工作。

比如先预借款项后报销，财务上会计人员需要先将借给员工的款项确认为"其他应收款"，通过"其他应收款"科目核算。当然，如果能将责任具体到某一个部门或某一位员工，可进行明细核算，用"其他应收款——××"科目。如果是先自行垫付后报销，财务上会计人员只需要在员工申请费用报销时，按照实际发生的费用支出，核算相应的费用，常用会计科目是"管理费用"。

因此，申请借款和进行费用报销时要对经济事项进行必要的说明。

HR 在了解人力资源工作与财务工作的联系后，可规范自己在工作中的行为，防止费用支出不明、支出浪费等情况发生。

HR 也需要了解公司的财务管理目标

公司的财务管理目标是在综合考量了人力资源、采购、生产、销售、投资和融资等方面的经济活动后制定出来的，是公司经营管理过程中的一种综合性较强的管理目标。因此，作为公司的一员，HR 也要了解本公司的财务管理目标，对实现人力资源管理目标会有一定的帮助。

虽然不同性质的公司，或者自身发展需求不同的公司，其财务目标可能会不同。但无论追求什么样的财务管理目标，无非是从以下四种财务管理目标中择其一个或数个。由于这四种目标都有各自的优缺点，因此实务中大部分公司制定的财务管理目标都不是单一的，多是将这四种目标中的数个进行结合，以期符合公司自身的发展需求。

（1）利润最大化

将利润最大化作为财务管理目标时，公司认为利润代表了自身新创造的财富。利润越多，说明公司新创造的财富增长越快，越接近公司的经营目标。在该目标下，虽然公司进行财务管理时比较容易进行价值量化，但存在一些缺点，如表1-1所示。

表1-1 将利润最大化作为财务管理目标的缺点

缺 点	简 述
给管理层操纵利润的可能性	大多数企业没有明确利润最大化的"利润"究竟是什么，这就会给企业管理层提供操纵利润的空间
不符合货币时间价值的理念	该目标不符合货币时间价值的理财原则，没有考虑利润的取得时间，不符合现代企业"时间就是价值"的财务理念
可能导致企业的经营风险和财务风险增大	该目标不符合风险与报酬均衡的原则，没有考虑利润获取与所承担风险的关系，一味地追求利润最大化会使企业的经营风险和财务风险增大
无法真正衡量企业经营业绩	该目标没有考虑企业取得利润与投入成本的关系，且目标中的"利润"是绝对指标，不能真正衡量企业的经营业绩是好还是坏，也就不利于本企业在同行业中确立竞争优势

（2）股东财富最大化

将股东财富最大化作为财务管理目标时，公司认为通过财务上的合理经营，可以为公司的股东创造更多的财富，财富越多，说明公司的经营效益越好，越接近公司的经营目标。

由于股东财富在一定程度上是公司的权益资本的体现，也是除债权人权益之外的剩余权益的体现，其高低好坏确实比利润最大化更能说明公司经营的优劣，具有积极作用。但该目标依然存在自身的不足，如表1-2所示。

表1-2 将股东财富最大化作为财务管理目标的缺点

缺　　点	简　　述
适用范围存在局限性	该目标只适用于上市公司，不适用于非上市公司，因此不具有普遍代表性
不符合可控性原则	从量化角度看，企业股东财富一般通过股票价格体现，而股票价格的高低会受到多种因素的影响，如国家政策的调整、国内外经济形势的变化和股民的心理等，这些因素对企业管理当局而言是不可能完全控制的，因此股东财富的大小确认也就不可控
不符合理财主体假设	理财主体假设认为，企业的财务管理工作应限制在每一个经营和财务上具有独立性的单位组织内，而股东财富最大化将股东这一理财主体与企业理财主体混同了，不符合理财主体假设
强调股东利益而忽视其他相关者利益	该目标更多强调的是股东利益，从而对其他相关者的利益重视度不够，相关者之间容易产生矛盾
不符合证券市场的发展	证券市场既是股东筹资和投资的场所，也是债权人进行投资的重要平台，同时还是经理人市场形成的重要条件，而股东财富最大化片面地站在股东立场强调资本市场的重要性，这不利于证券市场的全面发展

（3）企业价值最大化

将企业价值最大化作为财务管理目标时，企业价值越大，说明企业经营管理取得的成果越好，实力越强，越接近企业的经营目标。

由于在该目标指导下，企业会利用最优的财务结构，充分考虑资金的时间价值及风险与报酬的关系，从而使企业价值达到最大，因此可看出该财务管理目标具有的优点，即全面考虑企业利益相关者和社会责任对企业财务管理目标的影响。但是，任何事物都不是十全十美的，都有两面性，企业价值最大化目标同样存在不能忽视的问题或不足，如表1-3所示。

表 1-3　将企业价值最大化作为财务管理目标存在的问题

问　题	简　述
价值计量方面的问题	将不同理财主体的自由现金流混合折现，不具有可比性；把不同会计时点上的现金流共同折现，不具有说服力
管理层不易理解和掌握	实际上，该财务管理目标是几个具体财务管理目标的综合体，包括了股东财富最大化、债权人财富最大化和其他各种利益财富最大化。这些具体目标的衡量有各自的评价指标，且都不尽相同，这会使管理人员在理解该目标时出现混乱，不容易掌握
没有考虑股权资本成本	企业的股权资本和债权资本一样，都不是免费取得的。如果股东或投资者从企业获取的投资报酬连最低标准都达不到，则股东或投资者就会转移各自的资本投向，这就会使企业增加不必要的股权资本成本

（4）利益相关者财富最大化

将利益相关者财富最大化作为财务管理目标时，企业认为自身是由多个利益相关者组成的集合体，而财务管理是正确组织财务活动、妥善处理财务关系的一项经济管理工作，财务管理目标要从广泛、长远的角度出发，找到一个合适的财务管理目标，即利益相关者财富最大化。

从观念来看，该财务管理目标比企业价值最大化考虑的问题更全面，但也使考核工作更加复杂，以至于存在表 1-4 所列的两大缺点。

表 1-4　将利益相关者财富最大化作为财务管理目标的缺点

缺　点	简　述
无法绝对做到利益相关者财富最大化	在企业的不同经营时期，其经营的重点是不同的。比如经营初期，需要站稳脚跟，保本经营；而经营成长期则需要不断扩大市场份额，使企业积聚发展动力。不同的经营重点会使企业重视的相关者财富不同，从而对另外的相关者财富的关注度就减弱，利益相关者财富此消彼长，因此无法绝对地做到利益相关者财富最大化
指标不合适	该目标下设计的计量指标中，销售收入、产品市场占有率等属于经营指标，这已超出了财务管理范畴，使用时可能有问题

首先从利润最大化到股东财富最大化，其次到企业价值最大化，最后到利益相关者财富最大化，这是企业在对财务管理目标认识上的飞跃，但它们存在一个共同缺点，即只考虑了企业的财务资本对经营活动的影响，没有考虑知识资本对企业经营活动的影响。因此，企业需要根据自身发展状况和需求，综合运用这四类财务管理目标。

> **知识延伸｜如何理解知识资本**
>
> 知识资本主要指人力、管理、技术和经验等无法量化的资本投入，这些知识资本在无形之中影响着企业的经济活动。但是因为知识资本无法准确量化，一般在财务工作中不涉及它的核算，财务管理目标也没有明确考虑它。

哪些会计科目与人力资源有关

对 HR 来说，要想知道哪些会计科目与人力资源有关，先要了解大部分行业都在使用的一些常见会计科目，分为六大类，见表 1-5。

表 1-5　常用的会计科目

类　别	作　用	具体会计科目
资产类	核算企业资产增减变动和结存情况	库存现金、银行存款、其他货币资金、应收票据、应收账款、预付账款、其他应收款、坏账准备、原材料、材料成本差异、库存商品、存货跌价准备、固定资产和无形资本等
负债类	核算企业负债增减变动和待偿还情况	短期借款、应付票据、应付账款、预收账款、应付职工薪酬、应交税费、应付利息、其他应付款、长期借款、长期应付款和递延所得税负债等

续表

类别	作用	具体会计科目
所有者权益类	核算企业所有者权益增减变动和留存情况	实收资本（或股本）、资本公积、盈余公积和利润分配等
成本类	核算企业发生的生产成本、制造费用和劳务成本	生产成本、制造费用和研发支出等
损益类	核算企业发生的费用与获得的收入情况	主营业务收入、其他业务收入、公允价值变动损益、投资收益、营业外收入、主营业务成本、其他业务成本、税金及附加、销售费用、管理费用、财务费用、信用减值损失、资产减值损失、营业外支出、所得税费用和以前年度损益调整等
共同类	用于核算既有资产性质，又有负债性质的一些项目的增减变动和结存情况	清算资金往来、衍生工具、套期工具、货币兑换和被套期项目等，主要是一些金融、保险、投资和基金公司适用的会计科目

那么，在这些会计科目中，哪些与企业人力资源工作相关，需要 HR 了解和学习的呢？具体如图 1-1 所示。

招聘工作	招聘工作中可能发生相关费用支出，涉及会计科目有"管理费用""其他应收款""库存现金"和"银行存款"等。
日常管理工作	日常管理工作中会发生员工培训费、办公用品采购、出差费用等支出，涉及会计科目有"管理费用——办公费""管理费用——差旅费""其他应收款""库存现金"和"银行存款"等。
工资核算工作	在工资核算工作中，包括核算工资、社保、住房公积金和个人所得税，涉及会计科目有"应付职工薪酬——工资""应付职工薪酬——社会保险费""应付职工薪酬——住房公积金""管理费用""销售费用""生产成本""制造费用""应交税费——应交个人所得税"和"银行存款"等科目。

图 1-1 HR 需要了解的与自身工作内容相关的会计科目

会计科目是会计制度的重要组成部分,是企业内部财会人员填制记账凭证、登记会计账簿及编制财务会计报表的元素和工具,可以记录企业经营管理过程中方方面面的经济信息,包括人力资源信息。因此,HR 了解一些与自身工作内容相关的会计科目,有助于深入理解人力资源工作,为自己成为 HR 精英做好理论知识准备。

原始凭证的填制规范

在人力资源工作中,HR 因为业务活动难免会接收到一些销售方或服务提供方开具的发票,同时还会填制一些单据,如借款单、差旅费报销单和费用报销单等,这些发票和单据等都属于企业获得或自制的原始凭证。

HR 如何确定收到的发票或其他票据是合法、合理且正确的呢?又如何保证自己填制的单据也是正确的呢?很显然,HR 需要学习原始凭证的填制规范。那么具体有哪些规范需要在填制原始凭证时遵守呢?

(1)记录的内容要真实

原始凭证是企业财会人员填制记账凭证的直接依据,因此凭证上记录的信息的真实性非常重要。所以 HR 要牢记,原始凭证上填列的经济业务内容和数字必须都是真实可靠的,同时还要符合国家有关政策、法令、法规和规章制度的要求,更要符合企业发生的有关经济业务的实际情况。

换句话说,原始凭证的填制工作不能弄虚作假,相关填制人员更不能伪造凭证。

7 月 16 日,甲公司人力资源部的 HR 鲜俊因为给本部门采购了一箱 A4

打印纸，花费 200.00 元，所以需要向财务部申请费用报销。由于原始凭证的填制要保证内容真实，因此鲜俊要在费用报销单上如实填写报销部门、报销单据填制时间、单据及附件张数、报销项目、摘要、大小写金额和报销人姓名等内容，如图 1-2 所示。

\multicolumn{6}{c}{费用报销单}	No.6001141

报销部门：人力资源部	2020 年 7 月 16 日							单据及附件共 1 页
报销项目	摘　要	\multicolumn{7}{c}{金额}	备注
		十万	千	百	十	元	角	分	
办公费	购买一箱A4打印纸				2	0	0	0	0	
									领导审批
	合　　　计	￥			2	0	0	0	0	
金额大写：人民币贰佰元整				原借款：　0 元			应退（补）款：　0 元	
发据单位盖章	会计	出纳			审核		报销人：鲜俊	

图 1-2　如实填写费用报销单的内容

（2）项目的填写要完整

原始凭证是企业会计资料中的第一手资料，为了能使后续的记账工作更准确，原始凭证上的项目一定要填写完整，以便财会人员有完整的参考数据作为做账参考。原始凭证上要求填列的项目必须逐项填列齐全，不能遗漏，更不能省略，并且所有项目的填写都要符合相应的手续要求。

比如图 1-2 所示的费用报销单，在 HR 报销费用时，必须填写的项目包括报销部门、填制时间、报销项目、摘要、金额、合计、金额大写、原借款、应退（补）款和报销人。在出纳接收该报销单并进行审核后，在报销单下方的"出纳"处签字或盖章；随后由出纳将费用报销单递交给财务部，由会计据此填制记账凭证，同时在报销单下方的"会计"处签字或盖章，在"发票单位盖章"处加盖本单位发票专用章；后期由专门的审核人员审核单据，审核人员要在报销单下方"审核"处签字或盖章。这样，费用报销单才算是填写完成了。

（3）填制手续要完备

原始凭证填制规范中的手续要完备主要涉及以下3点要求。

- ◆ 企业自制的原始凭证必须有经办部门领导人或其他指定人员的签名或盖章。
- ◆ 企业从外部个人处取得的原始凭证，必须查看是否有填制人员的签字或盖章。
- ◆ 企业对外开出的原始凭证必须加盖企业的公章、财务专用章或发票专用章。

如甲公司人力资源部的HR鲜俊，要进行采购A4打印纸费用支出的报销，就要按照报销流程向财务部提出报销申请，同时办理填写费用报销单的手续；然后出纳接收报销单后，要对报销单所填内容进行审核，办理审核手续，同时在规定位置签字或盖章；财务部会计人员收到报销单后，除了根据公司会计制度的规定做账，还要办理确认手续，即在规定位置签字或盖章；专门的审核人员要在规定时间内办理审核报销单的手续，并在规定位置签字或盖章。

这些该签字的地方签了字，该盖章的地方盖了章，才能算是手续完备。

（4）文字和数字要书写清楚、规范

原始凭证上的文字或数字书写不清晰，甚至字迹潦草、不规范，会影响凭证使用者的观感，容易造成错认，进而可能向后传递错误的经济信息。

为了向凭证使用者正确、清楚地传达经济信息，填制凭证时的文字和数字一定要清晰、规范，易于辨认。更重要的是，不能使用未经国务院公布的简化汉字。除了这些要求，原始凭证填制时的文字和数字要符合表1-6所列的几点规范。

表1-6 原始凭证上的文字和数字书写规范

规 范	具体要求
金额大写汉字	大写的金额，必须使用的汉字是壹、贰、叁、肆、伍、陆、柒、捌、玖、拾、佰、仟、万、亿、元、角、分、零、整（或正）等，且一律用正楷或行书书写
大写金额单位	大写金额前一般印有"人民币"字样，若没有，需手动添加"人民币"3个字，且与大写金额之间不得留有空白
大写金额的整数或非整数	1. 大写金额到元为止的，在元之后必须写"整"或"正"字，在角之后可以不写"整"或"正"字 2. 大写金额到分的，不写"整"和"正"字 3. 大写金额无角有分的，角位用"零"表示，如某某元零某分 4. 小写金额连续几个"0"的，大写金额可只用一个"零"表示
小写金额	1. 金额数字一律填写到角分 2. 小写金额无角分的，用".00"或".—"表示 3. 小写金额有角无分的，分位写"0"，即用".×0"表示，但不能用".×—"表示 4. 小写金额需用阿拉伯数字逐个书写，不得连笔书写
小写金额单位	小写金额前一般印有人民币符号"￥"，若没有，需手动添加"￥"符号，且与小写金额之间不得留有空白
大小写金额必须一致	原始凭证上的大写金额与小写金额应保持一致，金额不一致的凭证是无效的

【例1】

凭证上记录的经济业务的发生额为38 356.24元，则小写和大写如下所示。

小写金额：￥38 356.24。

大写金额：人民币叁万捌仟叁佰伍拾陆元贰角肆分。

【例2】

凭证上记录的经济业务的发生额为38 356.20元，则小写和大写如下所示。

小写金额：￥38 356.20。

大写金额：人民币叁万捌仟叁佰伍拾陆元贰角，或人民币叁万捌仟叁佰伍拾陆元贰角整（或正）。

【例3】

凭证上记录的经济业务的发生额为38 356.04元，则小写和大写如下所示。

小写金额：￥38 356.04。

大写金额：人民币叁万捌仟叁佰伍拾陆元零肆分。

【例4】

凭证上记录的经济业务的发生额为38 356.00元，则小写和大写如下所示。

小写金额：￥38 356.00，或￥38 356.—。

大写金额：人民币叁万捌仟叁佰伍拾陆元整，或人民币叁万捌仟叁佰伍拾陆元正。

【例5】

凭证上记录的经济业务的发生额为38 350.04元，则小写和大写如下所示。

小写金额：￥38 350.04。

大写金额：人民币叁万捌仟叁佰伍拾元零肆分。

【例6】

凭证上记录的经济业务的发生额为38 300.24元，则小写和大写如下所示。

小写金额：￥38 300.24。

大写金额：人民币叁万捌仟叁佰元零贰角肆分。

【例7】

凭证上记录的经济业务的发生额为38 006.24元，则小写和大写如下所示。

小写金额：￥38 006.24。

大写金额：人民币叁万捌仟零陆元贰角肆分。

【例8】

凭证上记录的经济业务的发生额为30 056.24元,则小写和大写如下所示。

小写金额:¥30 056.24。

大写金额:人民币叁万零伍拾陆元贰角肆分。

【例9】

凭证上记录的经济业务的发生额为38 300.04元,则小写和大写如下所示。

小写金额:¥38 300.04。

大写金额:人民币叁万捌仟叁佰元零肆分。

【例10】

凭证上记录的经济业务的发生额为38 000.24元,则小写和大写如下所示。

小写金额:¥38 000.24。

大写金额:人民币叁万捌仟元零贰角肆分。

【例11】

凭证上记录的经济业务的发生额为30 006.24元,则小写和大写如下所示。

小写金额:¥30 006.24。

大写金额:人民币叁万零陆元贰角肆分。

【例12】

凭证上记录的经济业务的发生额为38 000.04元,则小写和大写如下所示。

小写金额:¥38 000.04。

大写金额:人民币叁万捌仟元零肆分。

【例13】

凭证上记录的经济业务的发生额为30 000.24元,则小写和大写如下所示。

小写金额：¥30 000.24。

大写金额：人民币叁万元零贰角肆分，有时也不用"零"，即人民币叁万元贰角肆分。

需要 HR 注意的是，上述所说的大写金额书写规范，主要是针对手写时使用，如果原始凭证上事先已经印好了金额的各位数，如"万仟佰拾元角分"，则直接根据小写金额如实填写，没有的位数，直接填"零"。比如 30 000.24 元，大写金额为"人民币叁万零仟零佰零拾零元贰角肆分"。

（5）凭证编号要连续

严格遵循这一条填制规范，需掌握两个方面。

- ◆ 事先没有印定编号的，手写编号时要对同类型凭证进行连续编号。
- ◆ 原始凭证事先印定编号的，如果写坏而需要作废，则应在写坏的凭证上加盖"作废"戳记，不得撕毁，以保证编号连续，将作废的凭证保留，妥善保管。

（6）凭证上不得涂改、刮擦或挖补

如果企业接收的原始凭证上有错误，则应要求出具单位重开或更正，更正处必须加盖出具单位的印章；但如果是金额有错误，应由出具单位重开，不得在原始凭证上直接更正。如果企业开出的原始凭证被发现有错误，也应按照前述填制规范进行重开或更正。

（7）凭证的填制要及时

企业财会人员必须根据内部其他各部门递交的原始凭证填制记账凭证、登记账簿、编制财务会计报表。由于这些会计资料都在反映企业的经济信息和经营情况，且这些经济信息有时效性，为了使前一环节得出的经济信息和获得的经营数据能作为后一环节财会工作的有效依据，因此每一个环节的会

计凭证、账簿等，都应及时填制或编制。

（8）凭证的格式要统一

这里所说的凭证格式要统一，并不是说所有的凭证格式都要一个模样，具体指如下几种统一情况。

- ◆ 增值税专用发票必须使用由国家税务总局监制设计印制的格式。
- ◆ 增值税普通发票一般使用经"一机多票"开票系统出具的发票格式。
- ◆ 企业自制的原始凭证，同一种凭证要统一格式，不能开给A用一种格式，开给B用另一种格式。

如何正确且高效地审核原始凭证

《中华人民共和国会计法》的相关条款规定，会计机构和会计人员必须审核原始凭证。但是对于HR这种非专业财务人员来说，即使不需要了解原始凭证审核工作的方方面面，也应该了解和学习如何正确且高效地审核原始凭证。具体分为两个步骤，首先要弄清楚审核原始凭证究竟要审核哪些方面，其次从每个方面入手审核具体的内容。

- ◆ 原始凭证需要审核的6个方面

审核原始凭证时，一般审核其真实性、合法性、合理性、完整性、正确性和及时性这6个方面的内容。

- ◆ 原始凭证主要审核的内容

在了解原始凭证需要审核的6个方面后，可逐一对这些方面涉及的内容进行严格、详细地审核，具体的审核内容如表1-7所示。

表 1-7 原始凭证需要审核的内容

方　面	审核内容
真实性	1. 审核原始凭证的日期、业务内容和金额数据等是否真实 2. 审核外来原始凭证加盖的单位公章、财务专用章或发票专用章等是否真实，相关责任人的签章是否真实 3. 审核自制原始凭证的经办部门和经办人员的签章是否真实 4. 审核通用记账凭证的本身是否真实
合法性	1. 审核原始凭证是否符合国家法律法规的要求 2. 审核原始凭证是否履行了法律法规规定的凭证传递和审核程序
合理性	1. 审核原始凭证记录的经济业务是否符合企业经济活动的需要 2. 审核原始凭证记录的经济业务是否符合企业自身的有关计划和预算等
完整性	1. 审核原始凭证各项基本要素是否齐全，是否有漏项情况 2. 审核原始凭证的日期是否完整，凭证日期必须写到日 3. 审核原始凭证上有关责任人的签章是否齐全 4. 审核原始凭证的联次是否齐全 5. 审核原始凭证是否应该附有其他单据，若需要附带，则审核附有的单据是否齐全 6. 审核原始凭证是否存在一分为二的情况，若有，则审核该原始凭证另一部分是否存在，存在即完整，不存在即不完整
正确性	1. 接收的原始凭证，审核开具单位和本单位名称是否书写正确，是否书写的全称。是则正确，不是则不正确 2. 审核原始凭证的金额填写是否正确，涉及的计算是否正确，大小写金额是否一致，小写金额和大写金额前是否分别注明了人民币符号"¥"和"人民币"字样，且金额与符号、字样之间是否留有空隙，无空隙即正确，有空隙即不正确 3. 审核原始凭证的更正是否正确，主要看涉及文字更正的，是否重开或原凭证上更正处是否加盖了更正人员的印章，重开了或更正处有更正人员印章的正确，否则不正确；涉及金额更正的，是否重新开具原始凭证，重新开具的正确，否则不正确
及时性	该方面的审核工作比较烦琐，需要审核人员将原始凭证的填制日期与经济业务的实际发生日期相比较，看时间上是否及时或者有拖延填制凭证的情况。在实务中，经济业务实际发生日期可能无法追溯，此时原始凭证及时性的审核就不可能很精准，一般认为当月发生的经济业务当月填制原始凭证就表明填制及时

虽然从表 1-7 内容看起来好像原始凭证的审核内容很多，审核工作比较费时，但实际工作中，很多方面的审核内容可同步进行。比如真实性审核与

正确性和及时性审核可同步进行,完整性审核与正确性审核可结合起来开展。通常只要保证原始凭证的完整性和正确性,其真实性、合法性和合理性就能得以保证。

要做到正确且高效地审核原始凭证,仅仅了解其审核内容还不够,还需要了解其审核结果的处理办法。不同的审核结果,处理办法显然是不同的。表1-8是原始凭证的3种审核结果与对应的处理办法。

表1-8 原始凭证的不同审核结果的处理办法

审核结果	处理办法
原始凭证完全符合要求	财会人员根据审核无误的原始凭证填制对应的记账凭证
原始凭证不真实、不合法	会计人员不予受理该凭证,并报本企业负责人知晓
原始凭证真实、合法但不完整、不正确	会计人员将凭证退回给经办人重新开具或进行更正

除此以外,可以从源头提高原始凭证的审核速度和质量。为什么这么说呢?想想看,如果原始凭证的填制人员在最初填制原始凭证时就严格按照填制要求进行填写,保证原始凭证无差错或差错极少,这样一来,审核人员在审核原始凭证时就可省去很多审核工作,甚至看一眼就能确定该原始凭证完全符合要求,从而节省了很多原始凭证的审核时间,达到高效审核原始凭证的目的。

还有就是熟能生巧,频繁地进行原始凭证审核工作,熟悉原始凭证的审核内容和审核标准,时间久了,审核凭证的速度就会变快,审核精准度也会提高,也可以达到高效审核原始凭证的目的。

公司有哪些类型的会计账簿

虽然 HR 的日常工作不会涉及企业内部的会计账簿，但如果遇到一些需要查账的情况，就要向企业财务部门申请查阅会计账簿。而查询时如何能快速找到自己想要查询的会计账簿呢？首先要做的就是了解会计账簿的类型，熟知各类账簿的用途和记录的经济信息类型。

不同的划分依据下，公司的会计账簿分成不同的种类。本小节主要从 3 个划分依据入手，介绍公司的会计账簿类型。

（1）按会计账簿的用途分类

企业的会计账簿如果按用途分类，可分为序时账簿、分类账簿和备查账簿 3 种。

◆ 序时账簿

序时账簿也称日记账，指按照经济业务发生时间的先后顺序逐日、逐笔登记的账簿。该类账簿一般由出纳登记。

序时账簿又分为普通日记账和特种日记账，普通日记账指将公司每天发生的所有经济业务，不区分其性质，按照发生先后顺序统一登记的账簿，如图 1-3 所示。

特种日记账指将公司发生的所有经济业务按其特点和性质等单独设置的账簿。如我国企事业单位广泛使用的现金日记账和银行存款日记账，如图 1-4 所示。

图 1-3 普通日记账

图 1-4 现金日记账和银行存款日记账

◆ 分类账簿

分类账簿指对全部经济业务事项按照分类账户进行登记的账簿。这类账簿是企业会计账簿的主体，也是编制财务会计报表的主要依据。按照反映经济业务的详略程度不同，分为总分类账簿和明细分类账簿。

总分类账簿简称总账，是根据总分类科目开设账户，用于登记全部经济业务，进行总分类核算的账簿，如图 1-5 所示。明细分类账簿简称明细账，是根据明细分类科目开设账户，用于登记某一类经济业务并进行明细分类核算的账簿，包括两栏式明细账、三栏式明细账、多栏式明细账和数量金额式明细账等，这些明细账是根据账页格式的不同而划分的，具体样式在下一个划分依据下展示。

总　账

会计科目及编号名称：________

年		记账凭证号数	摘要	页数	借方									贷方									借或贷	余额								
月	日				百	十	万	千	百	十	元	角	分	百	十	万	千	百	十	元	角	分		百	十	万	千	百	十	元	角	分

图 1-5 总账

◆ 备查账簿

备查账簿又称辅助登记簿或补充登记簿，是对某些在序时账簿和分类账簿等主要账簿中不予登记或登记不够详细的经济业务事项进行补充登记的账簿。常见的有租入固定资产登记簿、代销商品登记簿和应收票据登记簿等。对企业来说，该类账簿并不是必须设置，可视实际情况决定是否设置，因此它没有固定格式，各企业自行统一格式即可。

（2）按会计账簿的账页格式分类

不同类型的会计账簿，其账页格式是不同的，具体分为总账、两栏式明细账、三栏式明细账、多栏式明细账、数量金额式明细账和横线登记式账簿等类型。其中，常见的两栏式明细账就是普通日记账。

◆ 三栏式明细账

三栏式明细账指账页中设有"借方""贷方"和"余额"3个金额栏目的账簿，其格式与总账格式基本相同，适用于只进行金额核算的特种日记账、总账和资本、债权、债务等明细账，如库存现金、银行存款、实收资本、应收账款和应付账款等账户的明细分类核算。

对于三栏式明细账，又可分为设对方科目的三栏式明细账和不设对方科目的三栏式明细账，两者的区别在于账页中是否设有"对方科目"栏。图1-6所示的是不设对方科目的三栏式明细账。

年		记账凭证号数	摘要	页数	借方									贷方									借或贷	余额								
月	日				百	十	万	千	百	十	元	角	分	百	十	万	千	百	十	元	角	分		百	十	万	千	百	十	元	角	分

图1-6　不设对方科目的三栏式明细账

◆ 多栏式明细账

多栏式明细账指账页中设有"借方"和"贷方"两个基本金额栏目的同时，还分别在这两个栏目下分设若干专栏的账簿，适用于收入、成本、费用、利润和利润分配等账户的明细账，如生产成本、管理费用、主营业务收入和本年利润等账户的明细分类核算，格式如图1-7所示。

图 1-7　多栏式明细分类账

- 数量金额式明细账

数量金额式明细账指账页中设有"借方（收入）""贷方（发出）"和"余额（结存）"这 3 个基本金额栏目的同时，还分别在这 3 个栏目下分设了"数量""单价"和"金额"3 个小栏目，借此反映企业的财产物资实物数量和价值量的账簿，适用于具有实物形态的资产的账户，如原材料、周转材料、库存商品和固定资产等账户的明细分类核算，格式如图 1-8 所示。

图 1-8　数量金额式明细账

- 横线登记式账簿

横线登记式账簿指在同一张账页的同一行记录某一项经济业务从发生到结束的相关内容的账簿，由于不实用，很少被企业采用，格式如图 1-9 所示。

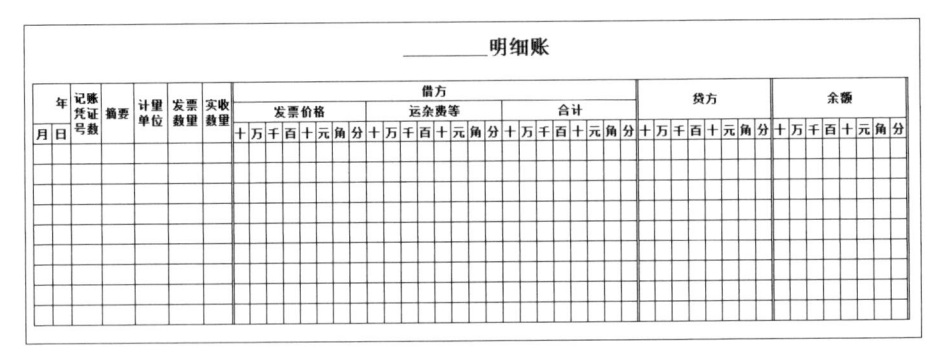

					_____明细账				
年 月 日	记账凭证号数	摘要	计量单位	发票数量	实收数量	借方			贷方	余额
						发票价格 十万千百十元角分	运杂费等 十万千百十元角分	合计 十万千百十元角分	十万千百十元角分	十万千百十元角分

图 1-9 横线登记式账簿

（3）按会计账簿的外形特征分类

会计账簿的外形特征不同，对其称呼就不同，也因此而划分成不同的类型，主要有订本式账簿、活页式账簿和卡片式账簿。三者有其各自的适用范围，如表 1-9 所示。

表 1-9 不同外形特征的会计账簿的适用范围

类　型	外形特征（概念）	适用范围
订本式账簿	简称订本账，指企业财务部在启用账簿前将编有顺序页码的一定数量的账页装订成册的账簿	一般适用于重要的和具有统驭性的总分类账、现金日记账和银行存款日记账
活页式账簿	简称活页账，指将一定数量的账页置于活页夹中，可以根据记账内容的变化而随时增加或减少部分账页的账簿	一般适用于各明细分类账的登记
卡片式账簿	简称卡片账，指将一定数量的卡片式账页存放在专设的卡片箱中，账页可根据需要随时增加或减少的账簿	一般适用于低值易耗品和固定资产等账簿明细账的核算与登记，在我国一般用于固定资产的登记

这 3 类账簿的适用范围主要是由其优缺点决定的。比如订本账，优点是能够避免账页散失，也可防止别有用心之人抽换账页，但缺点是不能精准地为各账户预留账页，也不利于会计人员协同工作，所以适用于重要的和具有统驭性的账户。

又比如活页账，优点是记账时可根据实际需要随时增减部分账页，便于分工记账，但缺点是可能造成账页散失或被别有用心之人故意抽换账页，进而引发财务风险，所以适用于不那么重要的各明细分类账。而卡片账的优点与活页账的相同，缺点也与活页账的相同，但卡片账比活页账更分散，所以适用于固定资产和低值易耗品等有实物形态的资产明细账。

各类会计资料的使用规范与保管期限

无论是原始凭证，还是记账凭证，抑或是会计账簿、财务报表等，其使用都必须符合相应的规范，涉及填制、审核、传递、借阅、更换和保管等方面，尤其要注意各类会计资料的保管期限的规定，要严格遵守并执行。

（1）会计资料的填制

这里所说的会计资料的填制包括原始凭证和记账凭证的填制、会计账簿的登记及会计报表的编制，均需要按照各自的制作规范和要求完成填制工作。其中，记账凭证的填制规范与原始凭证的填制规范相似。

但HR需要了解的是，如今经济市场中，大部分企业都已经实现了会计电算化。因此，会计账簿的登记和会计报表的编制可直接利用专业的财务软件完成，不再需要会计人员手动登记和编制。在财务软件中，按照系统提示进行操作，即可自动生成相应的会计账簿和财务报表，为会计人员分担了很多工作量，节省了较多工作时间。因此，企业的财会人员要能够熟练使用专业的财务软件做账，且严格遵守财务软件的使用规则。

（2）审核

从原始凭证→记账凭证→会计账簿→财务报表这一过程中，前一环节产生的会计资料都要进行严格审核，确保准确无误后再传递达到下一环节作为填制或编制下一环节的会计资料的依据。比如，原始凭证是填制记账凭证的直接依据，必须审核；记账凭证是登记会计账簿的直接依据，也必须审核无误；而原始凭证、记账凭证和会计账簿都是编制财务报表的依据，都要进行严格的审核，避免会计信息错误而导致财务报表信息错误，最终导致报表使用者做出不正确的决策。

（3）传递

会计凭证从填制或取得起，到归档保管时止，会在本单位内部有关部门和人员之间传递，包括传递程序和传递时间。只有通过传递，会计人员才能更好地完成凭证的填制或获取、审核、记账、装订和归档等工作。

HR要简单了解企业可以从哪些方面正确、合理地组织会计凭证的传递工作，如表1-10所示。

表1-10 正确且合理地组织会计凭证传递工作要做的事

方面	具体操作
确定传递路线	企业需根据自身经济业务的特点、经营管理需求和内部机构设置及人员分工情况，合理确定各种会计凭证的联数和需要经过的必要环节。保证有关部门和人员能利用会计凭证了解经济业务的发生和完成情况，确保会计凭证是按照规定程序进行处理和审核的，同时避免会计凭证经过不必要的环节而浪费时间，降低财会工作效率
规定传递时间	企业内部相关人员要根据各环节办理经济业务的手续要求，明确规定会计凭证在各个环节的停留时间和传递时间，防止不必要的延误或者过于紧迫
建立签收制度	企业内部应在各个环节指定专人办理会计凭证的交接手续，做到责任明确、手续完备且简便易行，保证会计凭证的安全性和完整性

总的来说，会计凭证的传递应满足企业内部控制制度的要求，传递程序

应合理有效，传递时间应适当，减少传递工作量。作为 HR，要在完成自己工作的同时，配合企业财务部门做好凭证的传递。

（4）借阅

按照相关会计准则和企业会计制度的规定，会计账簿的借阅规范有如下几点。

- 在未经领导、会计机构负责人或有关人员批准的情况下，会计账簿的非经管人员不能随意翻阅、查看。
- 会计账簿除了需要与外单位进行账目核对时可以将复印件带出企业外，一般不能将会计账簿携带外出。
- 需要携带外出的会计账簿，应由经管人员或会计主管指定专人负责。
- 会计账簿不能随意交给其他人员管理。

（5）更换

通常，在一个会计年度结束后，企业需要对会计账簿进行更换，但有些财产物资明细账、债权债务明细账和备查账簿，因为材料品种、规格和往来单位较多，更换新账的工作量比较大，所以可以跨年度使用而不必每一个会计年度更换一次。

需要在一个会计年度结束后更换的会计账簿包括总账、现金日记账、银行存款日记账和大多数明细账。

不需要更换的账簿在第二年继续使用时，要紧接着上一会计年度终了的结账数据之后进行记账。

（6）保管

规模比较大的企业，产生的会计资料会非常多，不同的资料除了应该指定专人负责管理外，还需要指定专人保管，将保证会计资料安全性的责任落实到准确的个人。尤其是会计账簿，在年度终了更换并启用新账后，财会人员需要对旧账簿进行整理装订、造册归档，具体工作内容见表1-11。

表1-11 会计账簿的整理归档

工 作	内 容
整理旧账	照着会计账簿的记录，检查和补齐应办理的手续，如改正错误的盖章、注销账页的空行和空页，结转余额等。如果是活页账，先应撤出未使用的空白账页，再装订成册，并注明各账页的号数
装订账簿	对活页账进行装订，一般按照账户不同，分类装订成册，一个账户装订成一册，不够的可装订成数册；相反，一些账户账页数较少，可将几个账户合并装订成一册，只要在账簿封面或扉页中做好说明即可。装订账簿时，要检查账簿扉页的内容是否填写齐全
装订后工作	会计账簿装订好后，应由经办人员、装订人员和会计主管人员在封口处签字或盖章，同时要编制目录和会计账簿移交清单，然后在规定期限内移交档案部门保管（无档案管理部门的，由专门的财会人员保管）

包括会计账簿在内的所有会计资料，企业都应按照相应的会计资料管理制度的规定妥善保管，避免丢失，不得随意销毁。一般来说，要在会计资料保管期届满后，按照规定的审批程序报经批准后才可进行销毁。表1-12所示的是《会计档案管理办法》中规定的各类会计资料的最低保管期限。

表1-12 会计资料的最低保管期限

类 型	会计资料	最低保管期限
会计凭证	原始凭证	30年
	记账凭证	30年
会计账簿	总账	30年
	明细账	30年

续表

类　　型	会计资料	最低保管期限
会计账簿	日记账	30 年
	固定资产卡片	固定资产报废清理后保管 5 年
	其他辅助性账簿	30 年
财务会计报告	月度、季度、半年度财务会计报告	10 年
	年度财务会计报告	永久
其他会计资料	银行存款余额调节表	10 年
	银行对账单	10 年
	纳税申报表	10 年
	会计档案移交清册	30 年
	会计档案保管清册	永久
	会计档案销毁清册	永久
	会计档案鉴定意见书	永久

认识公司的四大财务报表

财务报表是反映企事业单位在一定时期内的财务状况、经营成果、现金流量和权益资本情况的报表，相关报表的填列比较复杂，但 HR 还是可以简单了解各类报表的大致结构和主要列示的项目，进而掌握报表中哪些项目与自己的工作内容相关，拓宽自身的业务知识面，提高工作能力。本节主要介绍公司财务报表中的四大财务报表，认识其样式，了解它们分别列示的项目。

（1）资产负债表——反映企业财务状况

由于资产负债表可以反映企业在某一时点的财务状况，因此有时也被称为财务状况表。由于其编制工作立足于某一个时间点（指各会计期末，如月末、季末或年末），数据不包含变动关系，因此是一张静态报表。

资产负债表主要有两种类型，一是报告式，二是账户式。我国企事业单位常用的是账户式，如图1-10所示。

资产负债表

编制单位：　　　　　　　　　　　　年　月　日　　　　　　　　　　　　会企01表
　　　　　　　　　　　　　　　　　　　　　　　　　　　　　　　　　　　单位：元

资产	期末余额	年初余额	负债和所有者权益（或股东权益）	期末余额	年初余额
流动资产：			流动负债：		
货币资金			短期借款		
交易性金融资产			交易性金融负债		
衍生金融资产			衍生金融负债		
应收票据			应付票据		
应收账款			应付账款		
预付款项			预收款项		
其他应收款			合同负债		
存货			应付职工薪酬		
合同资产			应交税费		
持有待售资产			其他应付款		
一年内到期的非流动资产			持有待售负债		
其他流动资产			一年内到期的非流动负债		
流动资产合计			其他流动负债		
非流动资产：			流动负债合计		
债权投资			非流动负债：		
其他债权投资			长期借款		
长期应收款			应付债券		
长期股权投资			其中：优先股		
其他权益工具投资			永续债		
其他非流动金融资产			租赁负债		
投资性房地产			长期应付款		
固定资产			预计负债		
在建工程			递延收益		
生产性生物资产			递延所得税负债		
油气资产			其他非流动负债		
使用权资产			非流动负债合计		
无形资产			负债合计		
开发支出			所有者权益（或股东权益）：		
商誉			实收资本（或股本）		
长期待摊费用			其他权益工具		
递延所得税资产			其中：优先股		
其他非流动资产			永续债		
非流动资产合计			资本公积		
			减：库存股		
			其他综合收益		
			专项储备		
			盈余公积		
			未分配利润		
			所有者权益（或股东权益）合计		
资产总计			负债和所有者权益（或股东权益）总计		

图1-10　资产负债表

由图1-10所示的资产负债表样式可知，账户式资产负债表的左侧列示的是资产类项目，右侧上方列示的是负债类项目，右侧下方列示的是所有者权益类项目。该展示方式与恒等式"资产＝负债＋所有者权益"也有一定的关系。正常情况下，一个会计期末编制出的资产负债表，其资产总计等于负债和所有者权益总计。

根据我国《企业会计准则第30号——财务报表列报》的相关规定，资产负债表中资产类至少应单独列示反映如下信息的项目：①货币资金；②以公允价值计量且其变动计入当期损益的金融资产；③应收款项；④预付款项；⑤存货；⑥被划分为持有待售的非流动资产及被划分为持有待售的处置组中的资产；⑦可供出售金融资产；⑧持有至到期投资；⑨长期股权投资；⑩投资性房地产；⑪固定资产；⑫生物资产；⑬无形资产；⑭递延所得税资产。

资产负债表中，资产类项目按照资产的流动性大小从上往下列示，流动性越大的，列示越靠前，流动性越小的，列示越靠后，大致上分为流动资产和非流动资产两大类。

资产负债表中负债类至少应单独列示反映如下信息的项目：①短期借款；②以公允价值计量且其变动计入当期损益的金融负债；③应付款项；④预收款项；⑤应付职工薪酬；⑥应交税费；⑦被划分为持有待售的处置组中的负债；⑧长期借款；⑨应付债券；⑩长期应付款；⑪预计负债；⑫递延所得税负债。

负债类项目按照负债的偿还期长短从上往下列示，偿还期限越短的，列示越靠前，偿还期限越长的，列示越靠后，大致上分为流动负债和非流动负债两大类。

资产负债表中所有者权益类（或股东权益类）至少应单独列示反映如下信息的项目：①实收资本（或股本）；②资本公积；③盈余公积；④未分配利润。这类项目一般按求偿权的先后顺序列示。

在HR的日常工作中，如果涉及费用报销，则会用到资产负债表中的“货币资金”“其他应收款”等项目；如果涉及HR的工资发放，则会用到该报表汇总的“应付职工薪酬”“应交税费”等项目。

（2）利润表——反映企业经营成果

利润表是反映企业在一定会计期间的经营成果的财务报表，有时也被称为损益表或收益表。由于其编制工作立足于某一会计期间（如月度、季度或年度），数据包含变动关系，因此是一张动态报表。

利润表主要也有两种类型，一是单步式，二是多步式。我国企事业单位常用的是多步式。图1-11所示为单步式（左）和多步式（右）利润表。

利润表

编制单位：　　　　年　月　日　　　　单位：元

项目	行次	本月数	本年累计数
一、收入			
主营业务收入			
其他业务收入			
投资收益			
营业外收入			
……			
收入合计			
二、费用			
主营业务成本			
其他业务成本			
税金及附加			
销售费用			
管理费用			
财务费用			
营业外支出			
所得税费用			
……			
费用合计			
三、净利润			

利润表

会企02表

编制单位：　　　　年　月　　　　单位：元

项目	本期金额	上期金额
一、营业收入		
减：营业成本		
税金及附加		
销售费用		
管理费用		
研发费用		
财务费用		
其中：利息费用		
利息收入		
加：其他收益		
投资收益（损失以“-”号填列）		
其中：对联营企业和合营企业的投资收益		
以摊余成本计量的金融资产终止确认收益（损失以“-”填列）		
净敞口套期收益（损失以“-”号填列）		
公允价值变动收益（损失以“-”号填列）		
信用减值损失（损失以“-”号填列）		
资产减值损失（损失以“-”号填列）		
资产处置收益（损失以“-”号填列）		
二、营业利润（亏损以“-”号填列）		
加：营业外收入		
减：营业外支出		
三、利润总额（亏损总额以“-”号填列）		
减：所得税费用		
四、净利润（净亏损以“-”号填列）		
（一）持续经营净利润（净亏损以“-”号填列）		
（二）终止经营净利润（净亏损以“-”号填列）		
五、其他综合收益的税后净额		
（一）不能重分类进损益的其他综合收益		
1. 重新计量设定受益计划变动额		
2. 权益法下不能转损益的其他综合收益		
3. 其他权益工具投资公允价值变动		
4. 企业自身信用风险公允价值变动		
……		
（二）将重分类进损益的其他综合收益		
1. 权益法下可转损益的其他综合收益		
2. 其他债权投资公允价值变动		
3. 金融资产重分类计入其他综合收益的金额		
4. 其他债权投资信用减值准备		
5. 现金流量套期储备		
6. 外币财务报表折算差额		
……		
六、综合收益总额		
七、每股收益：		
（一）基本每股收益		
（二）稀释每股收益		

图1-11　利润表

由图 1-11 可知，单步式利润表是将当期所有收入相加得出总额，再将当期所有费用相加得出总额，最后一次性计算出当期净利润。这种利润表的特点是所提供的信息都是最原始的数据，便于阅读者理解。而多步式利润表是通过不同的步骤计算出净利润进行列示的，先计算营业利润，然后计算利润总额，最后算出净利润。这种利润表便于使用者比较分析公司的经营情况和盈利能力，财会领域的专业人士一般采用此类利润表。但无论是哪种类型，都要遵循恒等式"收入－费用＝利润"。

根据我国《企业会计准则第 30 号——财务报表列报》的相关规定，利润表至少应单独列示反映下列信息的项目（其他会计准则另有规定的除外）：①营业收入；②营业成本；③税金及附加；④管理费用；⑤销售费用；⑥财务费用；⑦投资收益；⑧公允价值变动损益；⑨资产减值损失；⑩资产处置损益；⑪所得税费用；⑫净利润；⑬其他综合收益各项目分别扣除所得税影响后的净额；⑭综合收益总额。

在 HR 的日常工作中，涉及费用支出时，如办公费、差旅费等，会用到利润表中的"管理费用"项目；如果因为上班迟到或早退等被罚款，会用到该报表中的"营业外收入"项目。

（3）现金流量表——反映企业现金流情况

现金流量表反映的是企业在一个固定期间内的现金及现金等价物的增减变动情况，其编制工作立足于一个固定期间（如月度、季度或年度），数据包含了变动关系，因此也是一张动态报表。

现金流量表主要反映出资产负债表中各个项目对公司现金流量的影响，并且从经营、投资和筹资这 3 个方面的活动来归纳总结现金流的变化。现金流量表的样式比较统一，如图 1-12 所示。国际财务报告准则第 7 号公报规范了现金流量表的编制。

现金流量表

会企 03 表

编制单位：　　　　　　　　　　　年　　月　　　　　　　　　　单位：元

项目	本月金额	本年累计金额
一、经营活动产生的现金流量：		
销售商品、提供劳务收到的现金		
收到的税费返还		
收到其他与经营活动有关的现金		
经营活动现金流入小计		
购买商品、接受劳务支付的现金		
支付给职工以及为职工支付的现金		
支付的各项税费		
支付其他与经营活动有关的现金		
经营活动现金流出小计		
经营活动产生的现金流量净额		
二、投资活动产生的现金流量：		
收回投资收到的现金		
取得投资收益收到的现金		
处置固定资产、无形资产和其他长期资产收回的现金净额		
处置子公司及其他营业单位收到的现金净额		
收到其他与投资活动有关的现金		
投资活动现金流入小计		
购建固定资产、无形资产和其他长期资产支付的现金		
投资支付的现金		
取得子公司及其他营业单位支付的现金净额		
支付其他与投资活动有关的现金		
投资活动现金流出小计		
投资活动产生的现金流量净额		
三、筹资活动产生的现金流量：		
吸收投资收到的现金		
取得借款收到的现金		
收到其他与筹资活动有关的现金		
筹资活动现金流入小计		
偿还债务支付的现金		
分配股利、利润或偿付利息支付的现金		
支付其他与筹资活动有关的现金		
筹资活动现金流出小计		
筹资活动产生的现金流量净额		
四、汇率变动对现金及现金等价物的影响		
五、现金及现金等价物净增加额		
加：期初现金及现金等价物余额		
六、期末现金及现金等价物余额		

图 1-12　现金流量表

由图 1-12 可知，现金流量表主要包括六大项内容：经营活动产生的现金流量、投资活动产生的现金流量、筹资活动产生的现金流量、汇率变动对现金及现金等价物的影响、现金及现金等价物净增加额和期末现金及现金等价物余额。从上往下，依照该顺序进行列示，每一大项中，又包含了具体的影响现金流的小项目。

在 HR 的工作中，涉及的现金流项目主要是一些与经营活动相关的项目，在现金流量表中体现为"收到其他与经营活动有关的现金"和"支付其他与经营活动有关的现金"项目。

（4）所有者权益变动表——反映权益资本情况

所有者权益变动表是反映公司某一会计期间内所有者权益变动情况的报表，从其概念可知，该报表也是一张动态报表。

所有者权益变动表应当全面反映公司一定时期所有者权益变动的情况，因此我国《企业会计准则第30号——财务报表列报》中明确规定了所有者权益变动表至少应单独列示反映下列信息的项目。

①综合收益总额，在合并所有者权益表中还应单独列示归属于母公司所有者的综合收益总额和归属于少数股东的综合收益总额。

②会计政策变更和前期差错更正的累积影响金额。

③所有者投入资本和向所有者分配利润等。

④按照规定提取的盈余公积。

⑤所有者权益各组成部分的期初和期末余额及其调节情况。

为什么说所有者权益变动表是反映权益资本情况的报表呢？其实，一个企业内部，其资本结构通常由两个部分组成，一是债务资本，二是权益资本。

债务资本就是企业通过举债获得的资本，主要体现在资产负债表中的"负债"部分；而权益资本就是企业通过投资者投入资本或股东入股所取得的资本，大概结构体现在资产负债表的"所有者权益"部分，而具体结构和变动情况则通过所有者权益表来展示说明，可简单理解为所有者权益变动表是对资产负债表中的所有者权益进行更详细的说明。

所有者权益变动表以矩阵的形式列示，纵向列示导致所有者权益变动的交易或事项，即所有者权益的权益变动的来源，对一定时期所有者权益的变动情况进行全面反映；横向则按照所有者权益的各组成部分列示交易或事项对这些部分的影响，如图1-13所示。

在HR的日常工作中，一般不会有工作内容涉及所有者权益变动表中的项目填列。但是，如果人力资源部发生了业务招待费，且公司在会计期末结账前发现当年有需要进行纳税调整的业务招待费，则财会人员需要按照税法的规定调整税前扣除的业务招待费，人力资源部发生的业务招待费就会间接影响所有者权益变动表中的"前期差错更正"项目。

> **知识延伸** | 汇算清缴与纳税调整
>
> 汇算清缴指所得税（即个人所得税和企业所得税）和某些其他实行预缴税款办法的税种，在年度终了后的税款汇总结算清缴的工作，是对相关税种在前期进行的计缴工作所做的补充、完善工作。
>
> 由于汇算清缴时通常会涉及应纳税所得额的变更，要么调增，要么调减，由此计算出企业当年应该缴纳的税款数额，这就是纳税调整。
>
> 其中，个人所得税的汇算清缴知识点将在本书第5章作详细介绍。

图1-13 所有者权益变动表

了解公司资金的运动轨迹

实际上，公司发生的各种经济业务或交易事项都是公司资金运动的载体，也就是说，公司的生产、经营管理过程实质上是资金运动的过程。作为公司发展的一员，HR 有必要了解公司资金的大致运动轨迹，如图 1-14 所示。

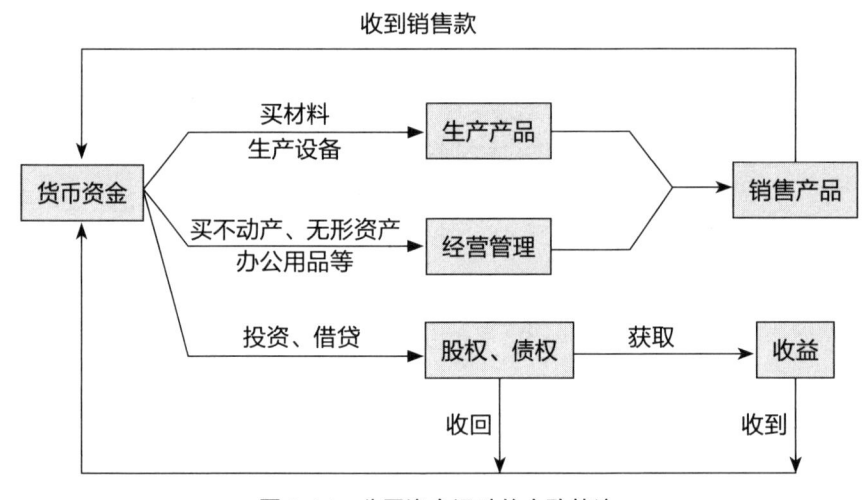

图 1-14 公司资金运动的大致轨迹

不同类型的企业，其资金运动轨迹可能有些差别，下面分别对生产性企业和商品流通企业的资金运动轨迹进行介绍。

（1）生产性企业的资金运动轨迹

生产性企业的资金运动轨迹主要包括资金筹集、资金投入、资金消耗、资金收益、资金分配和资金再投入这 6 个环节，如图 1-15 所示。

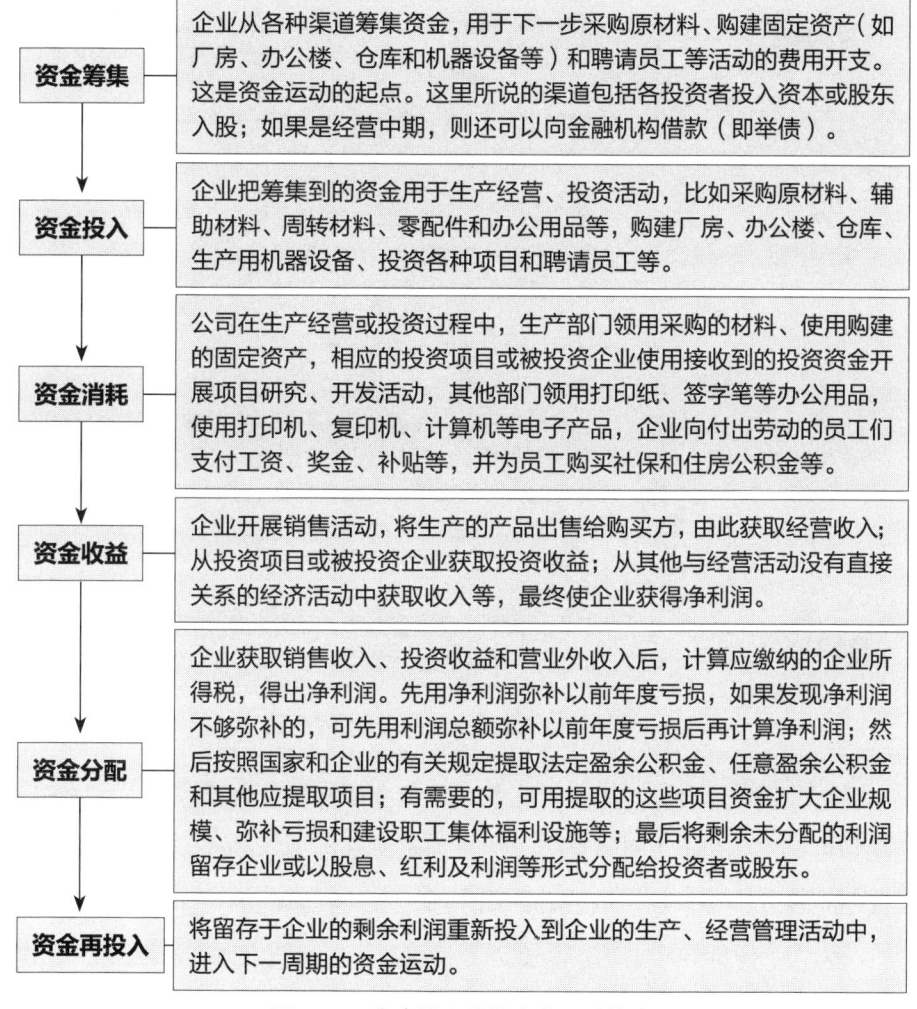

资金筹集	企业从各种渠道筹集资金,用于下一步采购原材料、购建固定资产(如厂房、办公楼、仓库和机器设备等)和聘请员工等活动的费用开支。这是资金运动的起点。这里所说的渠道包括各投资者投入资本或股东入股;如果是经营中期,则还可以向金融机构借款(即举债)。
资金投入	企业把筹集到的资金用于生产经营、投资活动,比如采购原材料、辅助材料、周转材料、零配件和办公用品等,购建厂房、办公楼、仓库、生产用机器设备、投资各种项目和聘请员工等。
资金消耗	公司在生产经营或投资过程中,生产部门领用采购的材料、使用购建的固定资产,相应的投资项目或被投资企业使用接收到的投资资金开展项目研究、开发活动,其他部门领用打印纸、签字笔等办公用品,使用打印机、复印机、计算机等电子产品,企业向付出劳动的员工们支付工资、奖金、补贴等,并为员工购买社保和住房公积金等。
资金收益	企业开展销售活动,将生产的产品出售给购买方,由此获取经营收入;从投资项目或被投资企业获取投资收益;从其他与经营活动没有直接关系的经济活动中获取收入等,最终使企业获得净利润。
资金分配	企业获取销售收入、投资收益和营业外收入后,计算应缴纳的企业所得税,得出净利润。先用净利润弥补以前年度亏损,如果发现净利润不够弥补的,可先用利润总额弥补以前年度亏损后再计算净利润;然后按照国家和企业的有关规定提取法定盈余公积金、任意盈余公积金和其他应提取项目;有需要的,可用提取的这些项目资金扩大企业规模、弥补亏损和建设职工集体福利设施等;最后将剩余未分配的利润留存企业或以股息、红利及利息等形式分配给投资者或股东。
资金再投入	将留存于企业的剩余利润重新投入到企业的生产、经营管理活动中,进入下一周期的资金运动。

图 1-15 生产性企业的资金运动轨迹

(2)商品流通企业的资金运动轨迹

商品流通企业的资金运动轨迹没有生产性企业的复杂,因为其不涉及生产产品的过程,特点是采购的商品基本上都可以用于直接出售,所以其资金运动轨迹包括资金筹集、资金投入并消耗、资金收益、资金分配和资金再投入这 5 个环节,如图 1-16 所示。

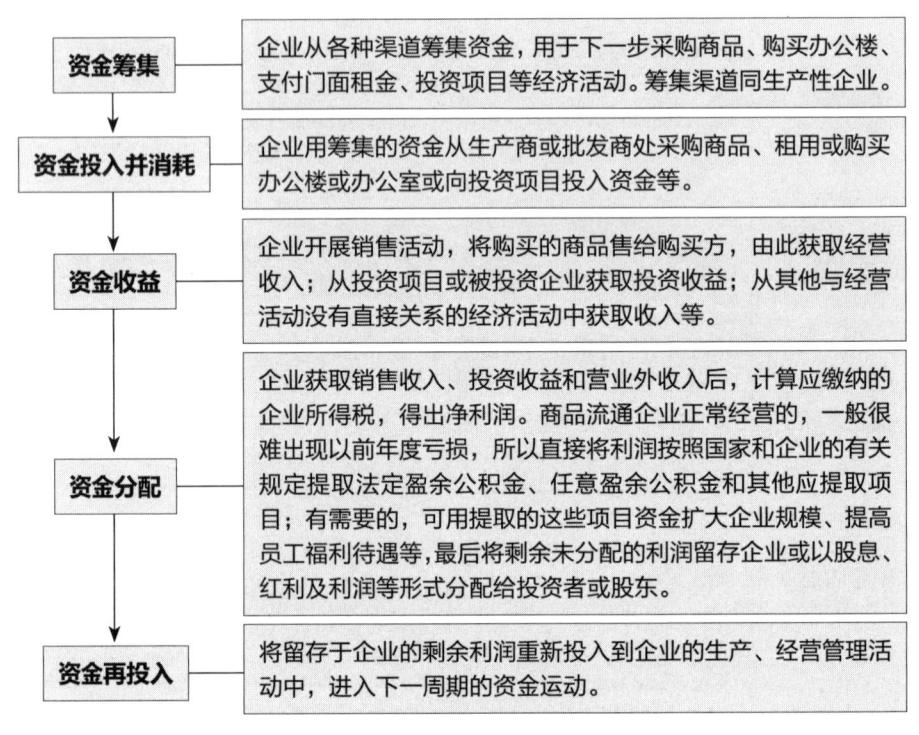

```
资金筹集 → 企业从各种渠道筹集资金,用于下一步采购商品、购买办公楼、
            支付门面租金、投资项目等经济活动。筹集渠道同生产性企业。

资金投入并消耗 → 企业用筹集的资金从生产商或批发商处采购商品、租用或购买
                办公楼或办公室或向投资项目投入资金等。

资金收益 → 企业开展销售活动,将购买的商品售给购买方,由此获取经营
           收入;从投资项目或被投资企业获取投资收益;从其他与经营
           活动没有直接关系的经济活动中获取收入等。

资金分配 → 企业获取销售收入、投资收益和营业外收入后,计算应缴纳的
           企业所得税,得出净利润。商品流通企业正常经营的,一般很
           难出现以前年度亏损,所以直接将利润按照国家和企业的有关
           规定提取法定盈余公积金、任意盈余公积金和其他应提取项
           目;有需要的,可用提取的这些项目资金扩大企业规模、提高
           员工福利待遇等,最后将剩余未分配的利润留存企业或以股息、
           红利及利润等形式分配给投资者或股东。

资金再投入 → 将留存于企业的剩余利润重新投入到企业的生产、经营管理活
             动中,进入下一周期的资金运动。
```

图 1-16　商品流通企业的资金运动轨迹

HR 所在的人力资源部门可能参与的资金运动环节有资金投入、消耗、分配和再投入。在资金投入环节,当人力资源部需要采购办公用品时,企业需要向其投入资金;使用这些办公用品时,参与资金的消耗;当企业分配资金时,人力资源部与其他部门享受同等待遇;资金再投入时又采购办公用品。

从财务分析法中得到人力资源管理的启示

可能很多 HR 都对财务分析方法一无所知,但实践证明,HR 可以从一些财务分析方法中得到人力资源管理方面的启示。下面就从不同的财务分析

方法入手，看看 HR 究竟能从中得到怎样的启示。

（1）比较分析法

比较分析法是通过对两个或两个以上相关经济指标进行对比，确定指标之间的差异并进行差异分析或趋势分析的一种分析方法。该方法是财务分析法中最基本、最主要的一种，比较的对象通常为绝对额比较、百分数比较和比率比较这 3 种。

比如在 HR 的招聘工作中，可先准确记录每个月或每个季度的招聘人数，然后对比每个月或每个季度招聘人数，进而得出哪个月份或哪个季度招聘人数最多，进一步分析为什么在这个月或这个季度会招聘这么多人，招聘人数与生产周期是否相关，或者与季节性生产是否相关等。这是典型的绝对额比较，因为这里用来比较的"招聘人数"是原始数值，没有经过任何换算或加工。

借助分析得出的结论，HR 可协助人力资源部做好下一个月、下一季度或下一年度的人员招聘工作，避免企业在招聘活动中损失太多不必要的资源和资金。

（2）比率分析法

比率分析法是通过计算财务报表的有关指标的比率来分析企业财务状况和经营成果，了解企业发展前景的一种分析方法。该方法是财务分析法中比较重要的一种，它不是指标之间简单的直接比较，而是将相关联的不同项目数据进行除法运算，得出相应的比率，揭示有关项目之间的关系。

比如 HR 在招聘工作中，每一个月的招聘人数相对于前一个月的招聘人数增长或下降，而一系列增长和下降的比较就会使 HR 获取企业招聘人数是否在增长及增长幅度的变化情况等信息。

又比如，HR 可以通过计算企业各期的应付职工薪酬数额、社保数额及住房公积金数额的增长率来初步判断企业的人事是否发生变动。一般来说，在一定时期内，企业应付职工薪酬、缴纳的社保和住房公积金等数额是不变的，只有当政策变化或计费基数、计费比例等发生变化时，才会有细微的变动，如果这些因素的增长率或下降率无限趋近于0，则说明企业基本上没有人事变动；而如果这些因素的增长率或下降率突然增大，说明企业存在明显的人事变动。

（3）趋势分析法

趋势分析法是通过对有关指标的各期对基期的变化趋势的分析，从中发现问题并为追索和检查账目提供线索的一种分析方法。该方法立足于企业财务分析的大局，确定被分析对象的增减变动方向、数额和幅度，从财务会计的角度揭示企业财务状况和经营成果的增减变化性质和变动趋势。使用该方法进行财务分析时，一定要保证指标在选用和计算上的口径要一致。

比如，HR先计算出2020年上半年每月的招聘人数增长率或下降率，然后再从大局上看企业的招聘人数是呈现稳步增长趋势，还是呈现逐步下降趋势，或者是呈现忽高忽低的趋势。总的来说，趋势的分析结果通常只有一个方面，不可能存在招聘人数既表现为增长趋势又表现为下降趋势。"趋势"这一概念就决定了该方法是对被分析对象的整体分析和评价。

（4）因素分析法

因素分析法，又称经验分析法，是通过确定几个相互联系的因素对某一个对象的影响程度，来说明相关指标发生变动或存在差异的主要原因的一种分析方法。该方法表面上是一种定性分析方法，但实际上也能将其量化处理，通过计算一定的比率来得出相互联系的因素对被分析对象的影响程度，从而确定因素与被分析对象之间的关系。

该方法在运用时，主要有三个步骤，内容如下。

- ◆ 第一步，确定需要分析的指标。
- ◆ 第二步，确定影响该指标的各因素及与该指标的关系。
- ◆ 第三步，计算确定各因素对指标的影响程度。

比如，HR在日常工作中，首先确定"招聘人数"这一分析指标；其次确定影响该指标的各因素，如公司制定的岗位需求、HR的工作能力、市场职位空缺度及公司薪酬待遇水平等；最后通过计算确定这些因素对"招聘人数"这一指标的影响程度。

第 2 章

财务知识有助于分析核算员工工资

> 人事管理中一个非常重要的内容就是员工工资的核算与发放,这在会计工作中也是一项重要工作内容。HR 在分析核算员工工资方面与财务关系密切,因此 HR 有必要了解这方面的财务知识,以便更好地协助财务部做好工资管理工作。

了解公司需要怎样的财会人才

一些人事管理制度比较健全的公司，人员招聘工作统一由人力资源部负责，几乎所有岗位的初试都由 HR 完成。因此，要想为公司招到合适的财会人员，HR 就必须先了解公司需要怎样的财会人才，这就要求 HR 必须先了解公司有哪些财会岗位及各岗位的职责要求等。

根据企业规模大小，财务部门的岗位设置会有所区别。比如一些小公司可能只设置一个会计岗位和一个出纳岗位足矣，而一些稍大一点的公司需要从核算、资金和成本费用等方面将财会岗位进行划分。会计核算非常健全、规模较大、财务管理系统比较完善的公司，其财务部的岗位划分大致上如图2-1 所示。

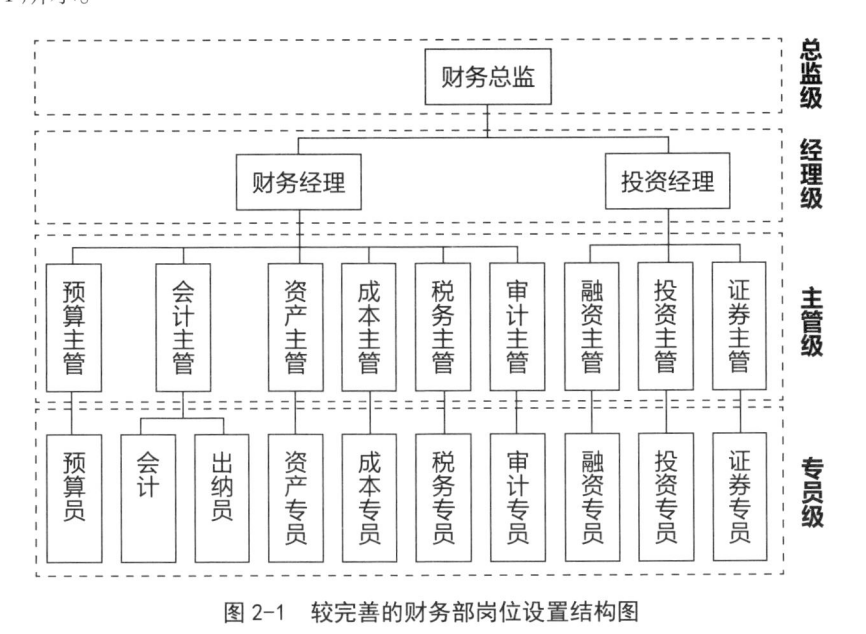

图 2-1　较完善的财务部岗位设置结构图

小公司中，在会计岗位上负责整个公司的所有会计事务的会计一般称为"主办会计"。除此以外，设有多个会计岗位的公司，均可按照自身财务工作的要求进行命名，如资金管理会计、成本费用核算会计等。

如图 2-1 所示的专员级别的各会计岗位，具体需要多少员工，视公司自身业务发展需要而定。根据业务范围和工作量的大小等，可以一人一岗，也可以一人多岗或一岗多人。比如"会计"这一专员级别的会计岗位，可细分为收入、支出、债权债务核算岗，工资核算岗和成本费用核算岗等。

有些规模不大的企业，主管级别的财会岗位不会像图 2-1 中划分得那么细致，有可能"资产主管"和"成本主管"合并到"会计主管"里面，"融资主管""投资主管"和"证券主管"合并成一个"投融资主管"岗位。

为了防止出现财务舞弊，财会岗位在设置时有一项关于出纳人员的注意事项，HR 必须了解。当一个自然人负责多个会计岗位的工作时，即出现一人多岗的情况，出纳人员不得兼管稽核、会计档案保管和收入、费用、债权债务明细账目的登记工作。

仅了解公司的财会岗位设置还不够，HR 要想为公司找到合适的财会人才，还需要清楚各财会岗位的职责要求，以此来判断应聘者是否适合某个岗位的工作，从而做出是否聘用的决定。常见会计岗位的职责要求如表 2-1 所示。

表 2-1 常见财会岗位的职责要求

岗　　位	职责要求
财务总监	1. 制定公司的财务目标、管理制度和操作程序，并根据授权向总经理、董事会报告 2. 建立健全公司财务系统的组织结构，合理设置财会岗位，保障财会信息的质量，降低经营管理成本，保证信息通畅，提高财会工作效率 3. 对公司的经营目标进行财务描述，为经营管理决策提供依据，定期审核、计量和评估公司的经营风险，制定有效的措施予以防范 4. 建立健全公司内部的财务管理和审计制度，并监督执行

续表

岗　位	职责要求
财务总监	5. 负责制定公司财务战略，监督内部控制工作的开展 6. 协调和沟通公司与银行、工商行政、税务、统计和审计等金融机构和政府部门的关系，从各个方面维护公司利益 7. 定期审核财务报表，向上级领导提交财务分析和管理工作报告，同时参与投资项目的分析、论证和决策，跟踪分析各种财务指标，揭露公司潜在的经营问题并向管理当局反映，以作为决策参考 8. 推动公司年度经营／预算计划程序，确保公司财务体系高效运转，包括对资本的需求规划和正常运转 9. 根据公司的实际经营状况，制订有效的融资策略和计划，并利用各种合法的财务手段，确保公司最优资本结构 10. 依法审定公司的财会人员、审计机构人员等的人事任免、晋升、调动、奖励和处罚等工作 11. 完成董事会、总经理交办的其他临时工作
财务经理	1. 全面负责财务部门的日常管理工作 2. 组织制定财务方面的管理制度和有关规定，并监督执行 3. 制定、维护和改进公司财务管理程序，制订季度和年度财务计划 4. 负责编制和组织实施财务预算报告，月度、季度和年度财务报告 5. 负责公司内部资金的合理调配 6. 负责资金、资产的管理工作 7. 监督并把控可能会对公司造成经济损失的重大经济活动 8. 协调和管理公司与银行及其他机构的关系 9. 协助财务总监开展财务部门与内外部的沟通、交流与协调工作 10. 完成上级领导交办的其他日常事务性工作和临时工作
会计主管	1. 领导财务部门的同事开展公司的财务管理工作，对各项财会工作做好定期研究、布置、检查和总结，积极宣传并严格遵守财经纪律和各项规章制度 2. 组织、制定财务会计制度，督促员工贯彻执行，随时检查相关制度的执行情况，发现有违反财务会计制度的行为要及时制止并纠正；如果是重大问题，要及时向领导或有关部门报告，总结经验，不断修订和完善各项财务会计制度 3. 组织编制各会计期间的预算，定期检查、分析财务计划和预算的执行情况，挖掘公司增收节支的潜力，合理使用公司的资金 4. 负责向公司领导报告经费收支情况，并按照会计制度和有关规定及时报送财会报表 5. 定期或不定期组织会计人员学习财税政策和制度的内容，丰富财会人员的业务知识，对财会人员进行业务能力考核，帮助提高企业整个财务部门的业务水平

续表

岗位	职责要求
工资核算岗	1. 执行员工工资管理规定，贯彻按劳分配的原则，做好工资核算工作 2. 根据企业实有职工人数和各种津贴、补贴标准，各种代扣代缴款和工资变动通知等，编制请示报告，经领导批准后及时调整员工工资的核算账务 3. 按照政策规定标准计提职工福利费、工会经费和职工教育经费 4. 向职工宣传社保和住房公积金的重要性及意义，按时完成社保和住房公积金的核算与收缴工作
往来核算岗	1. 协助财务部领导建立往来款项清算手续制度，如应收应付、备用金等往来款项 2. 督促企业员工及时办理预借差旅费的报销手续并收回余额，防止员工拖欠借款。督促财会人员不得挪用企业资金，要按照规定的开支标准严格审查有关开支 3. 按照单位和个人分设往来账的明细账，根据审核后的凭证逐笔、顺序登记往来账，并经常核对往来账余额，年终时要抄列清单，并向上级领导或有关部门报告
成本费用核算岗	1. 依据会计制度和有关规定，记录与收入、成本费用等有关的账目，处理相关的财务工作 2. 负责营业收入和利润的明细核算，计算收入、成本费用和利润等 3. 按期计算本企业应负担的各种税费和税金及附加，及时缴纳税款 4. 编制本企业的月度、季度和年度财务报表 5. 根据本企业下达的年度生产经营计划，编制成本费用预算报表，同时进行成本分析 6. 在各种预算基础上编制本企业的成本控制计划等
总账报表岗	1. 根据企业会计准则规定的会计科目，设置本单位的总账账户，按照企业采用的会计核算形式规范记账，月度终了后编制总账科目余额表进行试算平衡，并与有关明细账核对 2. 月度终了，根据总账和有关明细账的记录，编制资金平衡表和企业收支总表等其他财务报表 3. 按季、按年编写财务说明书，说明报告期内各项经费的收支情况，对重大问题进行详细说明，与财务报表一并上报 4. 负责全公司的记账凭证的编号、整理、装订和集中保管工作，年终将全年的会计资料收集齐全，按规定及时整理归档
出纳	1. 日常办理现金收付和银行结算业务，严格按照国家有关现金管理的规定，对经过稽核人员审核签章的收付款凭证进行复核并办理款项的支付；对于需要开支的重大项目，要向财会人员和公司领导申请审核批准。

续表

岗　　位	职责要求
出纳	2. 根据已办理完毕的收付款凭证，逐笔、顺序登记现金日记账和银行存款日记账，每日结出余额，定期对库存现金账面余额和库存现金实有数、银行存款账面余额和银行对账单进行核对 3. 保管有关印章、空白收据和空白发票，严格按照规定用途使用印章和现金，专设收据和支票登记簿，办理收据和支票的领用与注销手续
稽核岗	1. 按照相关规定和本企业上级领导的要求，审查各项计划指标的计算是否正确，指标之间是否衔接平衡，计划是否切实可行，发现问题要及时提出修改意见 2. 根据省财政部门每月拨入的经费，逐笔审查各项财务开支，对不符合规定的开支提出意见，并向领导汇报 3. 审核会计凭证是否合法、内容是否真实、数字是否正确、会计科目的使用是否符合规定、手续是否齐全等 4. 审核财务报表的编制是否符合相关的编制要求和标准，发现问题和差错及时通知有关人员查明原因并做更正处理等

综合分析上述财会岗位的职责要求，可总结出企业需要的财会人才应具备的要素和特点有如下几个。

◆ 踏实不浮躁

由于财会人员的日常工作大部分都是与数字、单据和表格等打交道，每天面对大量会计凭证和数字报表难免会感觉枯燥、乏味和烦琐。因此，一名合格的财会人员，必须要保证做事踏实，不浮躁，能静下心来处理工作，这样才能保证会计核算的数据不出错或尽可能少出错。

◆ 能经得起金钱的诱惑

财会人员可谓是一个公司的"账房先生"，不仅出纳管着实实在在的"钱"，会计还管着"账"，这些人掌握着对公司发展非常重要的"现金流"。面对金钱的诱惑，如果不能很好地克制自己，不能坚守做事原则，就很可能为了追名逐利而做出违法行为，如做假账、挪用公司公款、贪污受贿以及帮公司偷逃税款等，不仅损害公司的利益，自身也会因走上违法犯罪的道路而受到处罚，百害而无一利。因此，一名合格的财会人员一定要经得住金钱的诱惑，让公司在经营管理中稳健发展。

◆ 对数字敏感

财会人员的日常会计核算工作中，会涉及大量的数据处理，不仅要核算会计分录中相关科目对应的金额，每月月初和月底还要忙着相关数据的统计和报表的编制，这些会计资料全部都是由大量数据构成。如果一个人一看到数字就头疼，或看到数字以后完全没有印象，甚至对数字信息感到厌烦，那么这个人肯定无法胜任财会工作。反之，对数字敏感，看后能大概记住数据且对数据之间的关联性有习惯性的联想和分析的人，是比较适合财会工作的。

◆ 学习能力较强

财会工作对任职者的专业知识和技能要求较高，且随着经济不断发展，业务范围可能发生细微甚至较大变化，内部财会工作也就会随之不断更新变化，再加上不断变更的财税政策，财会人员要想做好自己手头的工作，仅仅只是靠最初所学的知识是远远不够的，还需与时俱进，不断学习，紧跟政府部门的规定和政策。而且政策规定更新速度快，所以要求财会人员要有较强的学习能力，能在不影响正常工作的情况下吸收财会新知识，并运用到实际工作中。如果一个学习能力非常弱的财会人员，在面对快速更新的财税政策时，无法及时掌握工作要领，就会影响工作效率和效益。

◆ 沟通交流能力要强

由于财会工作是对企业所有经济活动进行的财务描述，因此与企业内部其他方面的工作有着密切的关联，相应地，财会人员就会与企业内部其他同事有沟通交流的必要。只有具备较强的沟通交流能力，才能及时获取经济信息并将其反映到会计资料中，以便会计资料使用者查阅和使用，也才能及时将企业的有关经营信息反馈给各职能部门或负责人，大家共同努力，使企业内部经营管理活动有序进行。

财务核算中的员工工资有哪些

其实，财务核算中的员工工资就是法定用人单位或雇主依据法律或行业的规定，或与员工之间的约定，以货币形式支付给员工（即劳动者）的报酬。那么财务核算中员工工资有哪些呢？

实际上，财务核算中的员工工资是最终数据，包括底薪、绩效工资、奖金和津贴等，如表 2-2 所示。

表 2-2 工资的常见项目

工资项目	含　义
底薪	指劳动者每月不考虑奖金、绩效或津贴等可以获取的最基本工资
绩效工资	又称绩效加薪或奖励工资，指最基本工资以外的根据工作业绩和劳动效率的突出表现而获得的工资。一般只有身处有绩效考核岗位的劳动者才有这部分工资收入
奖金	指劳动者因为自身超额完成任务而获取的报酬
津贴	是用人单位或雇主对劳动者给予的一种工资补贴，补偿职工在特殊条件下的劳动消耗和生活费额外支出。常见的津贴有高温津贴、野外矿工津贴、山区津贴和医疗卫生津贴等
加班工资	也称加班费，指劳动者按照用人单位生产和工作的需要在规定工作时间之外继续生产劳动或工作所获得的劳动报酬

财务核算的员工工资最终数据都是来源于人力资源部 HR 核算出的工资数据，而 HR 核算工资时，会因为工资核算形式或核算办法不同有不同的工资类型。

（1）月薪制、年薪制和日薪制工资

在我国，企事业单位职工的工资计算方法最常见的是月薪制，其次是年薪制，还有一些比较特别的情况，采用日薪制。

◆ 月薪制工资

月薪制工资指用人单位按照职工固定的月标准工资扣除缺勤工资来计算员工工资的一种工资制度。

◆ 年薪制工资

年薪制工资简称年薪，指用人单位以一个会计年度为一个工资核算期间，核算应发给员工多少工资的工资制度。主要用于企业经理、高级管理人员的工资计发。

◆ 日薪制工资

日薪制工资指用人单位根据生产需要，以日薪作为计酬标准，按照实际工作日每天进行工资支付的一种短期用工形式。常用的计算公式如下：

$$应付工资 = 出勤天数 \times 日工资标准$$

用人单位采用日薪制计算劳动者应付工资时，虽然可以非常精确地核算工资成本，但核算工资的工作量会大大增加。因此，该工资核算形式一般只适用于临时工工资、兼职工资等的计发。

（2）计时工资和计件工资

计时工资指按照劳动者的工作时间来计算工资的一种核算办法，主要是根据职工的工作时间，按照工资标准和职工岗位等级来计算应付工资。很多实行月薪制或年薪制的企业都采用计时工资来核算员工工资，常用的计算公式如下：

$$每月应付工资 = 月标准工资 - 缺勤天数 \times 日工资标准$$

上述计算公式适用于计时工资制中的日工资制。还有一些公司在计算每月应付工资时，按照小时工资制来核算，公式如下：

每月应付工资＝月标准工资－缺勤小时数×（日工资标准÷每日工作小时数）

实行计时工资制的，应付给员工的工资由两个因素决定，一是工资标准，二是实际工作时间。

计件工资指用人单位按照职工生产的合格品数量（或作业量）和预先规定的计件单价计算报酬的一种工资制度。由此可见，该工资制度下应付给员工的工资也由两个因素决定，一是计件单价，二是生产数量或作业量。

不同生产管理类型会使用不同的计件方法，主要有表 2-3 所列的几种。

表 2-3　计件工资的类型

类　　型	核算方法
直接计件工资	按照员工完成合格产品的数量和计件单价直接计发员工的工资
间接计件工资	按照员工所服务的计件工人的工作成绩或所服务单位的工作成绩来计发员工的工资
有限计件工资	对实行计件工资的员工，规定其超额工资不得超过本人标准工资总额的一定百分比，以此来核算计件工资
无限计件工资	对实行计件工资的员工，其超额工资不做限制的计件工资
累进计件工资	员工完成生产（或工作）定额的部分，按同一计件单价计算员工的计件工资；超过定额的部分，按照累进递增的计件单价计算计件工资
计件奖励工资	对员工生产的产品数量或质量达到某一水平后给予的奖励工资
包工工资	把具有一定质量要求的产品预先规定完成的期限和工资额，再将该批产品的生产任务打包给个人或计提，按要求完成生产后支付约定工资

一些主要从事产品生产业务的工厂、制造商等，在月工资制度下也会采用计件工资制核算员工的工资。

实务中，行政管理类岗位和销售岗位的员工工资大多采用计时工资，而生产一线的生产工人大多采用计件工资。其中销售岗位的员工由于其工作的特殊性，会在计时工资的基础上实施绩效工资制。

【例1】

商女士在一家技术服务公司上班,任职会计。合同约定的基本工资为每月 4 800.00 元,没有绩效工资,当月未加班,当月请事假一天。计算应发工资。

商女士当月请事假一天,相当于缺勤一天,需从基本工资中扣除一天的工资额。根据我国《劳动法》的规定,职工全年工作日为 261 天(365 天 -104 天休息日),月计薪天数就为 21.75 天(261÷12)。

当月应发工资 =4 800.00-4 800.00÷21.75=4 579.31(元)

【例2】

黄先生在一家电子设备生产厂工作,是一名一线生产工人。合同约定采用计件工资制,计件单价为 15.00 元。已知黄先生当月生产的合格品数量共 380 件。计算应发工资。

当月应发工资 =15.00×380=5 700.00(元)

(3)加班工资

根据《中华人民共和国劳动法》(以下简称《劳动法》)的规定,用人单位支付加班工资的具体标准如下。

- ◆ 在标准工作日内安排劳动者延长工作时间的:支付不低于标准工资 150% 的工资报酬。
- ◆ 在休息日安排劳动者工作又不能安排补休的:支付不低于标准工资 200% 的工资报酬。
- ◆ 在法定节假日安排劳动者工作的:支付不低标准工资 300% 的工资报酬。

员工加班就意味着付出了过量的劳动,因此需要有加班工资来补偿。加班工资需要计入员工的工资总额计缴个人所得税。

魏女士在一家建筑公司上班,任职项目会计。与公司签订的劳动合同约定其基本工资为 5 200.00 元,当月魏女士在休息日加班一天,获得全勤奖

200.00元。计算应发工资。

日工资标准 =5 200.00÷21.75=239.08（元）

加班工资 =239.08×200%=478.16（元）

当月应发工资 =5 200.00+200.00+478.16=5 878.16（元）

HR要知道，上述所有可以计入员工应发工资的工资项目，其对应金额都要通过"应付职工薪酬"科目进行核算，同时计入"应付职工薪酬——工资、奖金、津贴和补贴"明细科目进行明细核算。

知识延伸 | 掌握什么是最低工资标准

我国《劳动法》明确规定实行最低工资保障制度，即用人单位支付给劳动者的工资不得低于当地最低工资标准。最低工资标准的确定实行政府、工会和企业三方代表民主协商的原则，根据本地区低收入职工收支状况、物价水平、职工赡养系数、平均工资、劳动力供求状况、劳动生产率和地区综合经济效益等因素确定。

最低工资标准指劳动者在法定工作时间或依法签订的劳动合同约定的工作时间内提供了正常劳动后，用人单位依法应支付给劳动者的最低劳动报酬。最低工资标准一般不包括加班工资、特殊工作环境条件下的津贴等。如果这些因素发生变化，当地应适当调整最低工资标准，但每年最多调整一次。

最低工资标准主要有两种形式：一是月最低工资标准；二是小时最低工资标准。月最低工资标准适合全日制的劳动者，小时最低工资标准适合非全日制劳动者。

中华人民共和国人力资源与社会保障部发布了截至2020年3月31日全国各地区最低工资标准（港澳台数据暂缺），如表2-4所示。

表2-4 各地区月、小时最低工资标准

单位：元

地区	月最低工资标准				小时最低工资标准			
	第一档	第二档	第三档	第四档	第一档	第二档	第三档	第四档
北京	2 200.00				24.00			
天津	2 050.00				20.80			
河北	1 900.00	1 790.00	1 680.00	1 580.00	19.00	18.00	17.00	16.00

续表

地 区	月最低工资标准				小时最低工资标准			
	第一档	第二档	第三档	第四档	第一档	第二档	第三档	第四档
山西	1 700.00	1 600.00	1 500.00	1 400.00	18.50	17.40	16.30	15.20
内蒙古	1 760.00	1 660.00	1 560.00	1 460.00	18.60	17.60	16.50	15.50
辽宁	1 810.00	1 610.00	1 480.00	1 300.00	18.30	16.30	15.00	13.20
吉林	1 780.00	1 680.00	1 580.00	1 480.00	17.00	16.00	15.00	14.00
黑龙江	1 680.00	1 450.00	1 270.00	—	16.00	13.00	12.00	
上海	2 480.00	—	—	—	22.00	—	—	—
江苏	2 020.00	1 830.00	1 620.00		18.50	16.50	14.50	—
浙江	2 010.00	1 800.00	1 660.00	1 500.00	18.40	16.50	15.00	13.60
安徽	1 550.00	1 380.00	1 280.00	1 180.00	18.00	16.00	15.00	14.00
福建	1 800.00	1 720.00	1 570.00	1 420.00	18.50	18.00	16.50	15.00
江西	1 680.00	1 580.00	1 470.00	—	16.80	15.80	14.70	—
山东	1 910.00	1 730.00	1 550.00		19.10	17.30	15.50	
河南	1 900.00	1 700.00	1 500.00		19.00	17.00	15.00	
湖北	1 750.00	1 500.00	1 380.00	1 250.00	18.00	16.00	14.50	13.00
湖南	1 700.00	1 540.00	1 380.00	1 220.00	17.00	15.00	13.50	12.50
广东	2 100.00	1 720.00	1 550.00	1 410.00	20.30	16.40	15.30	14.00
深圳	2 200.00	—	—	—	20.30	—	—	—
广西	1 810.00	1 580.00	1 430.00		17.50	15.30	14.00	
海南	1 670.00	1 570.00	1 520.00		15.30	14.40	14.00	
重庆	1 800.00	1 700.00	—	—	18.00	17.00	—	—
四川	1 780.00	1 650.00	1 550.00		18.70	17.40	16.30	
贵州	1 790.00	1 670.00	1 570.00	—	18.60	17.50	16.50	

续表

地 区	月最低工资标准				小时最低工资标准			
	第一档	第二档	第三档	第四档	第一档	第二档	第三档	第四档
云南	1 670.00	1 500.00	1 350.00	—	15.00	14.00	13.00	—
西藏	1 650.00	—	—	—	16.00	—	—	—
陕西	1 800.00	1 700.00	1 600.00	—	18.00	17.00	16.00	—
甘肃	1 620.00	1 570.00	1 520.00	1 470.00	17.00	16.50	15.90	15.40
青海	1 700.00	—	—	—	15.20	—	—	—
宁夏	1 660.00	1 560.00	1 480.00	—	15.50	14.50	13.50	—
新疆	1 820.00	1 620.00	1 540.00	1 460.00	18.20	16.20	15.40	14.60

员工工资用哪些会计科目核算

在上一节内容的最后我们知道了会计核算中员工工资通过"应付职工薪酬"科目进行核算，而实际对工资成本进行归集、分配时，要按照员工所在部门或工作性质，将工资计入不同的成本、费用科目。

（1）计入生产成本的员工工资

在生产性企业中，会设立生产部门，负责主营产品或其他产品的生产工作，这些一线生产工人的工资及需要缴纳的社保费用和住房公积金等在会计核算时都要计入"生产成本"科目进行核算，最终构成产品成本的一部分，也是售出商品的主营业务成本的一部分。

甲公司是一家食品加工厂，会计人员核算出7月应支付给一线生产工人的工资总额为 26.80 万元。按照当地关于社保和住房公积金的计提规定，当月公司需要为生产工人缴纳 67 000.00 元的社保费用和 13 400.00 元的住房公积金；员工个人需要缴纳的社保费用和住房公积金分别是 27 872.00 元和 13 400.00 元。暂不考虑个人所得税，财会人员要做的账务处理如下。

1. 计提生产工人的应发工资。

借：生产成本——工资　　　　　　　　　　　　　348 400.00
　　贷：应付职工薪酬——工资、奖金、津贴和补贴　268 000.00
　　　　　　　　　　　——社会保险费（企业部分）　67 000.00
　　　　　　　　　　　——住房公积金（企业部分）　13 400.00

2. 向生产工人发放工资。

实际发放的工资数额 =268 000.00−27 872.00−13 400.00=226 728.00（元）

借：应付职工薪酬——工资、奖金、津贴和补贴　　268 000.00
　　贷：其他应收款——社会保险费（个人部分）　　27 872.00
　　　　　　　　　——住房公积金（个人部分）　　13 400.00
　　　　银行存款　　　　　　　　　　　　　　　226 728.00

3. 缴纳和代缴社保与住房公积金。

借：应付职工薪酬——社会保险费（企业部分）　　67 000.00
　　　　　　　　——住房公积金（企业部分）　　13 400.00
　　其他应收款——社会保险费（个人部分）　　　27 872.00
　　　　　　　——住房公积金（个人部分）　　　13 400.00
　　贷：银行存款　　　　　　　　　　　　　　121 672.00

生产工人工资的归集发生在工资的计提环节，此时会涉及成本类科目。当实际发放工资时，不再涉及成本类科目，直接用银行存款支付员工工资，但此时企业需代扣员工应缴纳的社保费用和住房公积金，所以会涉及"其他应收款"科目。

总的来说，财会人员在核算生产工人工资时，会用到的一级会计科目有生产成本、应付职工薪酬、其他应收款和银行存款等，在考虑个人所得税时，还会涉及"应交税费"科目。

（2）计入制造费用的员工工资

同样在生产性企业中，生产部门除了有一线生产员工，还有一些生产管理者，如车间管理人员，这些员工的工资和需要缴纳的社保费用与住房公积金等不计入生产成本，而是计入制造费用，通过"制造费用"科目进行核算。期末结账时再将"制造费用"科目的余额结转到"生产成本"科目中，最终也构成产品成本的一部分。

甲公司的会计人员核算出 7 月应支付给生产部门管理人员的工资总额为 24 000.00 元。按照当地关于社保和住房公积金的计提规定，当月公司需要为生产部门管理人员缴纳 6 000.00 元的社保费用和 1 200.00 元的住房公积金；员工个人需要缴纳的社保费用和住房公积金分别是 2 496.00 元和 1 200.00 元。暂不考虑个人所得税，涉及的会计科目使用情况如下。

由于生产部门的管理人员的工资、社保和住房公积金等均需要通过"制造费用"科目核算，相关账务处理与生产工人工资的账务处理相似，这里不再详细介绍会计分录，直接分析各工资数额。

1. 在计提生产部门管理人员工资时，需要计入"制造费用"科目借方的金额为 31 200.00 元（24 000.00+6 000.00+1 200.00）。

2. 在向生产部门管理人员支付工资时，需要计入"应付职工薪酬——工资、奖金、津贴和补贴"科目借方的金额为 24 000.00 元，计入"其他应收款"科目贷方的金额为 3 696.00 元（2 496.00+1 200.00），计入"银行存款"科目贷方的金额为 20 304.00 元（24 000.00－3 696.00）。

3. 公司为生产部门管理人员缴纳和代缴社保费用与住房公积金时，需要计入"应付职工薪酬"科目借方的金额为 7 200.00 元（6 000.00+1 200.00），计入"其他应收款"科目借方的金额为 3 696.00 元（2 496.00+1 200.00），计入"银行存款"科目贷方的金额为 10 896.00 元（7 200.00+3 696.00）。

由案例可知，财会人员在核算生产部门管理人员工资时，会用到的一级会计科目有制造费用、应付职工薪酬、其他应收款、应交税费和银行存款等。

（3）计入管理费用的员工工资

无论是生产性企业、商品流通企业，抑或是或其他类型的企业，少不了会设置一些行政管理岗位，如人力资源部 HR、财务部的财会人员、仓管部仓管员及企业内部高级管理人员等，这些岗位的员工工资及需要缴纳的社保和住房公积金等就需要计入管理费用，通过"管理费用"科目进行核算。

甲公司的会计人员核算出 7 月应支付给人力资源部、财务部和仓管部等部门员工及一些高级管理人员的工资总额为 14.54 万元。按照当地关于社保和住房公积金的计提规定，当月公司需要为这些员工缴纳 36 350.00 元的社保费用和 7 270.00 元的住房公积金；员工个人需要缴纳的社保和住房公积金分别是 15 121.60 元和 7 270.00 元。暂不考虑个人所得税，涉及的会计科目使用情况如下。

1. 在计提行政管理岗位员工的工资时，需要计入"管理费用"科目借方的金额为 189 020.00 元（145 400.00+36 350.00+7 270.00）。

2. 在向行政管理岗位的员工支付工资时，需要计入"应付职工薪酬——工资、奖金、津贴和补贴"科目借方的金额为 145 400.00 元，计入"其他应收款"科目贷方的金额为 22 391.60 元（15 121.60+7 270.00），计入"银行存款"科目贷方的金额为 123 008.40 元（145 400.00-22 391.60）。

3. 公司为行政管理岗位的员工缴纳和代缴社保与住房公积金时，需要计入"应付职工薪酬"科目借方的金额为 43 620.00 元（36 350.00+7 270.00），计入"其他应收款"科目借方的金额为 22 391.60 元（15 121.60+7 270.00），计入"银行存款"科目贷方的金额为 66 011.60 元（43 620.00+22 391.60）。

由案例可知，财会人员在核算行政管理岗位的员工工资时，会用到的一级会计科目有管理费用、应付职工薪酬、其他应收款、应交税费和银行存款等。

（4）计入销售费用的员工工资

无论是生产性企业、商品流通企业，抑或是其他类型的企业，要想持续经营，就必须通过售卖产品或商品来获得收益，进而赚取利润，从而使企业有进行下一轮生产经营的资金。而售卖产品或商品必然会需要销售人员，且很多企业都会设置专门的销售机构（即销售部或营业部）来管理和运营企业的销售活动。销售机构内部的员工工资和应缴纳的社保与住房公积金等就需要计入销售费用，通过"销售费用"科目进行核算。

甲公司的会计人员核算出 7 月应支付给销售部门员工的工资总额为 8.00 万元。按照当地关于社保费用和住房公积金的计提规定，当月公司需要为这些员工缴纳 20 000.00 元的社保和 4 000.00 元的住房公积金；员工个人需要缴纳的社保费用和住房公积金分别是 8 320.00 元和 4 000.00 元。暂不考虑个人所得税，涉及的会计科目使用情况如下。

1. 在计提销售部门员工的工资时，需要计入"销售费用"科目借方的金额为 104 000.00 元（80 000.00+20 000.00+4 000.00）。

2. 在向销售部门员工支付工资时，需要计入"应付职工薪酬——工资、奖金、津贴和补贴"科目借方的金额为 80 000.00 元，计入"其他应收款"科目贷方的金额为 12 320.00 元（8 320.00+4 000.00），计入"银行存款"科目贷方的金额为 67 680.00 元（80 000.00-12 320.00）。

3. 公司为销售部门员工缴纳和代缴社保与住房公积金时，需要计入"应付职工薪酬"科目借方的金额为 24 000.00 元（20 000.00+4 000.00），计入"其他应收款"科目借方的金额为 12 320.00 元（8 320.00+4 000.00），计入"银行存款"科目贷方的金额为 36 320.00 元（24 000.00+12 320.00）。

由案例可知，财会人员在核算销售机构内部的员工工资时，会用到的一级会计科目有销售费用、应付职工薪酬、其他应收款、应交税费和银行存款等。

注意，在核算工资的工作中，财会人员使用的是由人力资源部负责员工工资核算的 HR 提交的员工工资明细表记录的工资数据。所以，HR 在员工工资核算工作中起着开头和汇总的作用。

员工的年终奖要计入员工工资吗

工作中，可能很多人都知道且认为年终奖就是年末时企业向员工发放的一项奖励，但其究竟是什么大概知道的人并不多。与大众认为的意思相近的年终奖概念，指每年度末企业给予员工不封顶的奖励，是对员工一年来的工作业绩的肯定。

年终奖的发放额度和形式一般由企业根据实际情况制定和调整，但无论以哪种形式发放，年终奖都要计入员工的工资计缴个人所得税。

经济市场中，企业向员工发放年终奖的形式主要有 3 种，为了更好地核算员工的工资数额，HR 必须掌握着 3 种年终奖的相关核算与账务上的一些处理手法。

（1）双薪制

双薪制也称"年末双薪制"，指企业按照员工平时的月收入数额，在年底加发一个月或数个月的工资。这是较为常见的一种年终奖发放形式,很多外企比较青睐该形式,根据加发工资月数的不同,普遍采用的是13薪或14薪,有些更多。

◆ 13薪——12+1方式

12+1方式指企业在年底时向员工多发放一个月的工资作为年终奖。这种发放形式以时间为衡量指标,一般只要员工在本企业工作满一年,就可以拿到"12+1"的双薪。

◆ 14薪——12+2方式

12+2方式指企业在年底时向员工多发放两个月的工资作为年终奖。这种方式也要以时间为衡量指标。

在双薪制下,员工的年终奖怎么发,在会计核算上有明显的差异,尤其是个人所得税的计算。

江某是一家电子产品生产厂的一名生产工人,2019年12月应发工资为5 500.00元,假设个人应缴纳的社保费用和住房公积金共400.00元,没有其他专项附加扣除。年终奖有5 000.00元,下面来看年终奖的不同发放形式在会计核算上的处理区别。

1. 在发放12月工资的同时发放年终奖。

当月应纳税所得额=5 500.00+5 000.00−5 000.00−400.00=5 100.00(元)

查看个人所得税税率表可知,江某当月适用的个人所得税税率为10%,对应的速算扣除数为210.00元。

2. 单独发放年终奖。

12月应纳税所得额=5 500.00−5 000.00−400.00=100.00(元)

查看个人所得税税率表可知,江某12月工资适用的个人所得税税率为3%,对应速算扣除数为0.00元。但是发放年终奖5 000.00元时,需要全额计缴个人所得税，且适用个人所得税税率为10%，对应的速算扣除额为210.00元。也就是说，此时单独发放年终奖时，有100.00元按照3%的税率计缴个人所得税，有5 000.00元按照10%计缴个人所得税，税额=100.00×3%+5 000.00×10%-210.00=293.00（元）；而与12月工资一起发放时，5 100.00元全部适用10%的税率，税额=5 100.00×10%-210.00=300.00（元）。

由此可见，两种年终奖发放方式下所需缴纳的个人所得税是不同的。企业应根据自身需要灵活选择。

如果其他情况不变，江某12月有子女教育、住房贷款利息和赡养老人等专项附加扣除共4 000.00元。则会计核算如下。

1. 在发放12月工资的同时发放年终奖。

当月应纳税所得额=5 500.00+5 000.00-5 000.00-400.00-4 000.00=1 100.00（元）

查看个人所得税税率表可知，江某当月适用的个人所得税税率为3%，对应速算扣除数为0.00元。

2. 单独发放年终奖。

12月应纳税所得额=5 500.00-5 000.00-400.00-4 000.00=-3 900.00（元）

查看个人所得税税率表可知，江某12月工资不需要缴纳个人所得税。但是单独发放年终奖5 000.00元时，需要全额计缴个人所得税，且适用个人所得税税率为10%，对应速算扣除数为210.00元。也就是说，单独发放年终奖时，应纳税额=5 000.00×10%-210.00=290.00（元）。

由此可见，在双薪制下，年终奖的发放时间会影响个人所得税的缴纳，但实际年终进行汇算清缴时可能还会发生纳税调整，最终是否可以通过年终奖的发放形式来节税还尚未可知。

（2）绩效奖金

绩效奖金是一种浮动的奖金，指根据个人年度绩效评估结果和公司业绩结果而计算发放的绩效奖金。该绩效奖金与日常月度发放的绩效奖金有些不同，该绩效奖金的发放规则是在全公司内部公开的，如某级别岗位的目标绩效奖金相当于多少个月的基本工资，且级别越高，其绩效奖金占总收入的比例就会越高。

需要注意的是，各个企业对其内部员工的绩效评估方法以及评估标准一般都是不一样的。这就要求企业必须做好员工绩效考核办法、评估方法的制订以及评估结果的处理等工作。其实年终奖也是如此，要想更科学合理地使用年终奖来激励员工，就必须用企业的营业指标、客户指标和个人指标等方面的标准来进行工作绩效的衡量，从而评断出年终奖的数额和档次。

这时，需要HR做的工作就不仅仅是计算企业内部所有员工的应发工资了，还需要制定绩效考核办法和考核标准，以此来作为核算员工应得年终奖或绩效奖金的标准。并且还需要组织实施员工绩效考核工作，认真、仔细地记录各员工的绩效数据，保管好相关资料，以备核算年终奖金或绩效奖金。

实际上，人力资源部的HR并不能准确地记录其他职能部门员工的绩效情况，因此实务中都是先由各部门自行汇总本部门员工的绩效考核结果，然后交给人力资源部，由HR统计全公司员工的绩效考核结果，并根据结果核算每位员工应得的年终奖或绩效奖金，以及应发的工资数额等。

（3）红包

在一些小型微利企业内部，由于每年的盈利并不太多，为了企业后期能有充足的资金继续运营，企业老板可能会以发放红包的形式向员工发放所谓的年终奖。此时红包金额的大小全凭老板决定，没有固定的发放规则，它的大小可能取决于员工与老板的亲疏关系、老板对员工的印象，或者取决于员工的资历、重大贡献等。

这种年终奖的发放形式一般不公开，民营企业汇总比较常见。由于它也算得上是年终奖，所以也必须计入员工的工资，计缴个人所得税。

除了上述 3 种年终奖发放形式，实际工作中还有一些公司发放的年终奖是实物形式或金融商品形式，如旅游奖励、赠送保险、车贴或房贴等。

HR 要注意，年终奖金的发放方案不应该在临近年终时才考虑，在年初制定公司计划时就应该制定好当年发放年终奖的考评标准、评价方法和发放规则等。

薪酬管理与财务管理有什么关联

薪酬管理的管理对象是员工的薪酬，而员工的薪酬又是财务管理工作的内容之一，由此可见，薪酬管理与财务管理之间必然存在一定关联。

如何制定出合理的薪酬制度，如何选择薪酬管理策略，如何控制薪酬成本等，这些问题都需要 HR 基于财务管理的角度进行考量。从财务管理的角度出发，制定出科学、合理的企业薪酬管理制度，尽可能降低薪酬成本，保证薪酬发放的公平性和薪酬功能正常发挥，减少一切不必要的薪酬开支，从而提高企业经营的利润水平。

从财务管理的角度进行薪酬管理，主要包括图 2-2 所示的 3 个环节。

从上述内容可知，薪酬管理实际上是财务管理其中一个方面的体现，除此之外财务管理还包括了资金的管理、资产的管理、生产成本的管理以及人力资源的管理等。

而财务管理是薪酬管理的指导标杆,促使企业合理优化薪酬结构,引领人力资源部做好企业的薪酬管理工作,如使薪酬核算更规范、合理,各种奖金、津贴和补贴的发放更科学、人性化,从而有利于财务管理的实施。

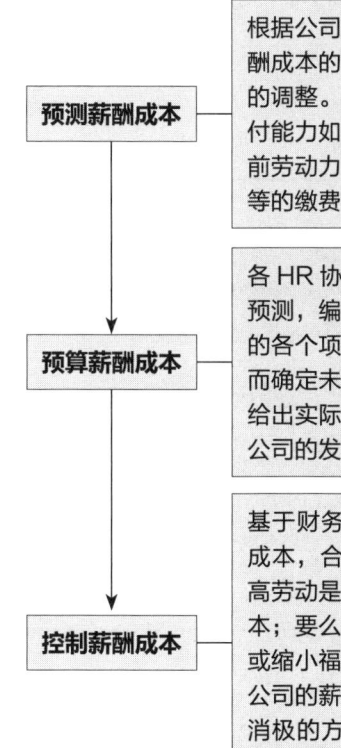

预测薪酬成本	根据公司的经营发展战略和目标,结合公司内外部环境,预测薪酬成本的变动趋势,同时对可能出现的问题进行预测并做出必要的调整。在该环节,人力资源部和其他职能部门要考虑公司的支付能力如何、劳动生产率的高低、员工基本生活费用的标准、当前劳动力市场的供求关系、当地最低工资标准和社保以及公积金等的缴费比例等因素,从而预测公司的薪酬成本总额。
预算薪酬成本	各 HR 协助人力资源部对公司未来一定时期的人工成本支出进行预测,编制合理且精确的薪酬成本计划方案,包括分析人工成本的各个项目、未来薪酬水平调整的动态因素等的内容的说明,进而确定未来一定时期内公司薪酬支出的总额和支付的结构比例,给出实际支付薪酬的目标和基准参考,使薪酬成本预算能够体现公司的发展战略并符合薪酬策略的要求。
控制薪酬成本	基于财务管理的要求或目标,在整个薪酬管理工作中控制薪酬成本,合理减少薪酬支出。要么在不降低薪酬水平的情况下提高劳动是生产率,使薪酬的投入产出比例增高,相对降低薪酬成本;要么尽可能地维持原有薪酬水平不上升,通过适当延缓发薪或缩小福利、津贴的小额支出范围等来降低总的薪酬支出。如果公司的薪酬成本严重超支,且财务状况急剧恶化,则只能通过最消极的方法来控制薪酬成本,即全面减薪或大量裁员,但这种方法不能作为常态的薪酬成本控制方法,否则影响公司日后的发展。

图 2-2 从财务管理的角度看薪酬管理

外派和派驻的员工工资要怎么处理

外派员工主要有 3 种情形，具体介绍如表 2-5 所示。

表 2-5　外派员工的 3 种情形

情　　形	详　　述
劳务外派	指公司法人与其他公司、中介机构或私人雇主签订合同，把本公司的员工外派到其他公司、中介机构或私人雇主处工作。这时员工仍然属于公司，但执行的是其他公司、中介机构或私人雇主分派的工作任务。这里的其他公司、中介机构或私人雇主一般指国（境）外的公司、机构或雇主
公司外派	用人单位因为某些项目而需要到外地办公，因此派遣本公司的员工到外地工作。这时员工仍然属于公司，执行公司分派的工作任务
劳务派遣	又称劳动派遣，指由劳务公司、中介机构组织招聘员工，将员工派遣到其他公司工作。这时员工的劳动关系在劳务公司、中介机构，劳动合同直接与劳务公司或中介机构签订，而实际用工单位只负责向这些员工支付工资待遇，不负责管理这些员工

派驻员工一般存在于公司外派的情形中，指用人单位将自己的员工派遣到其他办公场所驻扎并办公，时间通常比较长，已经不再类似于外派出差的工作。比如常见的某集团公司将其总公司的一名高级管理人员派驻到外地的某分公司或子公司任职。

那么，这些外派或派驻的员工，他们的工资由谁负责、由谁结算呢？下面就来进行详细了解。

（1）劳务外派的员工工资

劳务外派的员工，其应发工资总额、社保经费、加班费、个人所得税和住房公积金等金额由任职单位核算，并定期（按月、按季或按年）将工资划拨到国（境）内的派遣公司或机构的账务上，由派遣公司或机构代发全部派遣员工的工资、代扣个人所得税和社会保险费、住房公积金等。

（2）公司外派的员工工资

公司外派的员工工资的处理要分情况。

如果只是因为公司的某一个项目而将员工外派到项目上工作，一般就由公司自身核算并发放外派员工的工资。

如果是将与总公司或母公司签订劳动合同的员工外派到分公司或子公司工作，相当于派驻员工，则此类外派员工的工资就由分公司或子公司自行核算并发放。而总公司与分公司或母公司与子公司之间，就可能存在将外派员工的公司挂往来账处理的情形。

（3）劳务派遣的员工工资

由于劳务派遣模式下的员工的劳动关系在劳务派遣公司或中介机构，但其服务的是用工单位，因此，这些员工的工资需要由用工单位核算，但工资不直接发放给这些派遣员工，而是将应发工资转账给劳务派遣公司或中介机构，再由劳务派遣公司或中介机构统一向这些派遣员工发放工资并代扣代缴社保、住房公积金和个人所得税。

可以看出，劳务派遣的员工工资的处理类似于劳务外派，即用工单位不会直接向外派或派遣的员工支付工资，而是将应发工资转账给予外派或派遣员工签订了劳动合同的单位或机构，由这些单位或机构统一发放工资。

需要注意的是，用工单位在使用派遣员工的过程中，可能会直接向这些员工支付一些加班费或节假日补贴，这些就不需要再单独转账给劳务派遣公司或中介机构让其统一发放了。

员工工资明细表与财务部工作的联系

员工工资明细表就是记录一个企业内部所有员工的详细工资数据的表格，常见的格式如图 2-3 所示。

员工工资明细表

结算日期：

员工姓名	基本工资	提成	奖金	全勤奖	缺勤	年限工资	社保代扣	应发工资	个税扣除	实发工资

图 2-3 员工工资明细表格式

员工工资明细表一般由每个企业的人力资源部出具，具体到某位或某几位 HR 的责任。该明细表编制完成后，要将有关工资数据进行汇总，然后提交给财务部，由专门核算员工工资的会计人员审核工资表中的数据，确认无误后做工资账务。

而人力资源部需要先从其他职能部门处获得各职能部门的员工工资数据，才能将这些部门的工资数据汇总到员工工资明细表中。在汇总前，需要核查各部门提交的员工工资数据是否真实且合理，只有确认无误的工资数据才能汇总编制员工工资明细表，以方便财会人员做账。

第 2 章 财务知识有助于分析核算员工工资

由此可见，员工工资明细表是财务部做账工作的依据，可以算是原始凭证。而财务部通过员工工资的会计核算，进一步验证员工工资明细表中工资数据的正确性，双向保证企业和员工的利益。

> **知识延伸｜什么是工资条**
>
> 工资条是员工所在单位定期交付给员工、反映其工资的纸条，但并不是所有企业都会给员工发工资条，还有可能直接将工资的各项明细表发给员工。
>
> 工资条有纸质版和电子版两种，都记录着每位员工的月收入分项情况和收入总额。一张简单的工资条通常包括员工工号、员工姓名、基本工资、职务工资、福利费、五险一金扣除金额、应发工资、个人所得税和实发工资等分项。
>
> 使用工资条向员工反映其工资情况与使用各项明细表反映工资情况相比，具有保护隐私的显著作用，即只有员工个人才能看到自己的工资情况，其他同事是无法看到的。图2-4是常见的工资条样式。
>
> | 员工姓名 | 基本工资 | 提成 | 奖金 | 全勤奖 | 缺勤 | 年限工资 | 社保代扣 | 应发工资 | 个税扣除 | 实发工资 | 本月余额 |
> |---|---|---|---|---|---|---|---|---|---|---|---|
> | | | | | | | | | | | | |
>
> 图2-4 工资条

第 3 章

通过财务知识深入了解五险一金

> 五险一金关系着企业内部所有员工的切实利益，而核算五险一金也是核算员工工资的一项重要工作内容，只有算清楚五险一金，才能算清楚员工实际应得或实际拿到手的工资究竟有多少。所以进行薪酬管理的人力资源部及其内部所有HR，必须要深入了解五险一金的相关知识。

认识社保在财务核算中的缴费基数与比例

劳动者需要缴纳的社保费用主要由两个因素决定，一是缴费基数，二是缴费比例。

（1）社保缴费基数

社保缴费基数简称社保基数，指职工在一个社保年度的社会保险缴费基数。它是按照职工上一年度 1～12 月的所有工资性收入所得的月平均额来确定的，且有上限和下限的限制，是计算用人单位和职工个人缴纳社保费用的重要依据。

- **社保缴费基数上限**：职工工资收入超过上一年省、市在岗职工月平均工资算术平均数 300% 以上的部分，不计入缴费基数。
- **社保缴费基数下限**：职工工资收入低于上一年省、市在岗职工月平均工资算术平均数 60% 的，以上一年省、市在岗职工月平均工资算术平均数的 60% 为缴费基数。

换句话说，职工社保的缴费基数不能低于上一年省、市在岗职工月平均工资算术平均数的 60%，也不得高于上一年省、市在岗职工月平均工资算术平均数的 300%。

【例1】

聂燕上一年度月平均工资为 5 234.00 元，假设其任职公司所在地上一年在岗职工月平均工资算术平均数为 8 140.00 元。理论上来说，其本年度社保的缴费基数应按照如下分析思路进行确认。

上一年所在地在岗职工月平均工资算术平均数的 60%=8 140.00×60%

=4 884.00（元）

上一年所在地在岗职工月平均工资算术平均数的 300%=8 140.00×300%

=24 420.00（元）

由于 4 884.00＜5 234.00＜24 420.00，所以，聂燕当年的社保缴费基数可按照其上一年度 1～12 月的所有工资性收入所得的月平均额来确定，即为 5 234.00 元。

【例 2】

假设聂燕上一年度月平均工资为 4 500.00 元，则本年度社保缴费基数的确定如下。

4 500.00＜4 884.00，即职工平均工资收入低于上一年省、市在岗职工月平均工资算术平均数的 60%，所以最低应以上一年省、市在岗职工月平均工资算术平均数的 60% 作为社保缴费基数，聂燕当年的社保缴费基数应为 4 884.00 元。

【例 3】

假设聂燕上一年度月平均工资为 25 000.00 元，则本年度社保缴费基数的确定如下。

25 000.00＞24 420.00，即职工平均公司收入超过上一年省、市在岗职工月平均工资算术平均数的 300%，所以最高应以上一年省、市在岗职工月平均工资算数平均数的 300% 作为社保缴费基数，聂燕当年的社保缴费基数应为 24 420.00 元。

社保缴费基数的具体数额根据各地区的实际情况确定，在同一缴费年度内一年一定，中途不做变更。通常在每年 4～6 月，用人单位应根据所在地社会保险经办机构的通知，申报本单位职工新一年度的社会保险缴费基数。

知识延伸 | 社保的内容

社保即社会保险的简称，是一种为丧失劳动能力、暂时失去劳动岗位或因健康原因造成损失的人口提供收入或补偿的社会和经济制度，主要包括5个项目：基本养老保险、基本医疗保险、失业保险、工伤保险和生育保险。

基本养老保险指国家和社会根据一定的法律和法规，为了解决劳动者在达到国家规定的解除劳动义务的劳动年龄界限，或因年老丧失劳动能力退出劳动岗位后的基本生活而建立的一种社会保险制度。它是社会保障制度的重要组成部分。

基本医疗保险指为了补偿劳动者因疾病风险造成的经济损失而建立的一项社会保险制度。参保人员患病就诊发生医疗费用后，由医疗保险机构对其给予一定的经济补偿。它也是社会保障制度的重要组成部分。

失业保险指国家通过立法强制实行的，由用人单位和职工个人缴费以及国家给予财政补贴等渠道筹集资金建立失业保险金，对因失业而暂时中断生活来源的劳动者提供物质帮助以保障其基本生活，并通过专业训练、职业介绍等手段为其再就业创造条件的一项制度。

工伤保险指劳动者在工作中或在规定的特殊情况下，遭受意外伤害或患职业病导致暂时或永久丧失劳动能力以及死亡时，劳动者或其遗属从国家和社会获得物质帮助的一种社会保险制度。

生育保险指国家通过立法，在怀孕和分娩的妇女劳动者暂时中断劳动时，由国家和社会提供医疗服务、生育津贴和产假，国家或社会对生育的职工给予必要的经济补偿和医疗保健的一种社会保险制度。

除此以外，很多地区的社保项目还包括大病医疗互助补充保险，通常将其与基本医疗保险合称为医疗保险。

（2）社保的缴费比例

社保的缴费比例也称社保费率，它分为两个部分，个人缴费比例和单位缴费比例。不同的社保项目，其个人缴费比例和单位缴费比例都是不一样的。下面以北京市为例，介绍2019年5月1日起实施的社保缴费比例情况，如表3-1所示。

表 3-1　2019 年 5 月 1 日后北京市社保缴费比例情况

社保项目	单位缴费比例	个人缴费比例
基本养老保险	16%	8%
基本医疗保险	9%	2%
大病医疗互助补充保险	1%	3 元
失业保险	0.8%	0.2%（农村居民不需要缴）
工伤保险	0.2% ~ 1.9%	不需要缴费
生育保险	0.8%	不需要缴费

不同地区，各社保项目适用的缴费比例是不同的，需根据当地经济发展状况和职工平均工资水平来确定。

比如前述案例中的聂燕，假设确定其本年度社保缴费基数为 5 234.00 元，单位为其缴纳社保的比例为 28%，个人缴费比例为 10.2%（另缴纳 3 元的大病医疗互助补充保险）。则本年度社保缴费金额如下。

每月企业缴纳社保费用 =5 234.00×28%=1 465.52（元）

每月职工个人缴纳社保费用 =5 234.00×10.2%+3=536.87（元）

要注意的是，有些地区规定的基本养老保险的缴费基数与其他几种保险的缴费基数是不一样的，具体按照当地标准执行。而且实务中，不需要 HR 逐个计算缴费数额，由系统直接按照相关算法就能一次性全部统计出来。

核算员工住房公积金的要点

什么是住房公积金？从字面意思理解，住房公积金是一种公积金，它是指国家机关和事业单位、国有企业、城镇集体企业、外商投资企业、城镇私营企业及其他城镇企业和事业单位、民办非企业单位、社会团体及其在职职工,对等缴存的一种长期住房储蓄。住房公积金可用来作为个人住房贷款的担保,也可直接提现用来支付购买住房的价款或装修住房的装修费。

企业在核算内部员工住房公积金的缴存金额时,同样有两个决定因素,一是缴存基数,二是缴存比例。这也是住房公积金的核算要点,作为核算员工工资的 HR,了解住房公积金的核算也是必要工作。下面就从其两个决定因素和含义出发,进行详细介绍。

(1) 住房公积金的含义

住房公积金的含义如表 3-2 所示。

表 3-2 住房公积金的含义

条 目	含 义
1	住房公积金只在城镇建立,农村不建立住房公积金。换句话说,就是只有城镇职工才需缴存住房公积金,农村劳动者不需要缴存住房公积金
2	只有在职职工才建立住房公积金制度;没有工作的城镇居民、离退休职工不实行住房公积金制度
3	住房公积金由两部分组成,一部分由职工所在单位缴存,另一部分由职工个人缴存。职工个人缴存部分由单位代扣代缴,并全部划入住房公积金个人账户内,而单位缴存部分的其中一小部分将划入住房公积金个人账户内
4	住房公积金制度一经建立,职工在职期间必须不间断地按规定缴存,除职工离退休或发生《住房公积金管理条例》规定的其他情形外,不得中止和中断
5	住房公积金是职工按规定存储起来的专门用于住房消费支出的个人住房储蓄,实行专户管理,存储期间只能按规定用于购、建和大修自住住房,或交房租;职工只有在离退休、死亡或完全丧失劳动能力而与单位终止劳动关系或户口迁出原居住城市时,才可提取本人账户内的住房公积金

(2) 住房公积金的缴存基数

住房公积金的缴存基数一般是按照职工本人上一年度年底应发工资全额

进行核定,即职工本人上一年度月平均工资,它也有上下限的限制。

- **住房公积金缴存基数上限**:不应超过职工工作地所在设区城市统计部门公布的上一年度职工月平均工资的3倍。
- **住房公积金缴存基数下限**:不应低于职工工作地上一年度最低工资标准。

与社保缴费基数一样,住房公积金的缴存基数也会每年调整一次,具体的调整时间由当地住房公积金管理中心提前行文通知。

【例1】

金女士在一家技术服务公司做会计主管,上一年度月平均工资为5 800.00元。已知其任职的公司所在地上一年度最低工资标准为1 780.00元,职工月平均工资为6 500.00元。理论上来说,金女士本年度住房公积金缴存基数应按照如下分析思路进行确认。

上一年度职工月平均工资的3倍 =6 500.00×3=19 500.00(元)

由于1 780.00＜5 800.00＜19 500.00,因此,金女士当年以上一年度月平均工资为住房公积金的缴存基数,即5 800.00元。

【例2】

如果金女士上一年度月平均工资为20 000.00元,则本年度住房公积金缴存基数的确认如下。

由于20 000.00＞19 500.00,因此金女士本年度住房公积金的缴存基数为19 500.00元。

一般来说,住房公积金的缴存基数会在每年4~6月与社保的缴费基数同时变更。各地区需根据当地实际经济状况和职工收入水平进行核定。

(3)住房公积金的缴存比例

住房公积金的缴存比例就是住房公积金的征缴费率。按照相关法律法规的规定，用人单位和职工个人缴纳住房公积金时的缴存比例是相同的，即用人单位缴存比例是多少，职工个人就要缴存一样的比例。

住房公积金的缴存比例为职工上一年度月平均工资的5%~12%，也就是说，各地区可以在该缴存比例范围内，根据自身经济发展情况和当地职工收入水平，规定具体的缴存比例。比如规定缴存比例为8%，则用人单位和职工个人应分别按照8%计算各自应缴存的住房公积金数额。

由于用人单位和职工个人的住房公积金缴存基数和缴存比例都相同，所以两者当期应缴存的住房公积金数额是一样的。

五险一金的缴纳要区分单位和个人

我们知道，在缴纳五险一金时，不仅用人单位需要缴纳，职工个人也需要缴纳一部分。

对于"五险"，用人单位和职工个人的缴纳比例是完全不同的，用人单位缴纳的比例明显高于职工个人的缴纳比例；而且工伤保险和生育保险不需要职工个人缴纳，用人单位缴纳即可。不同地区的用人单位缴纳"五险"比例不同，职工个人缴纳比例也有可能不同，但大体上相差不大。

对于"一金"，虽然也需要用人单位和职工个人共同缴存，但两者的缴存比例是相同的，只不过会因为地区差异而使各地区之间的缴存比例有所区别，同一地区的缴存比例一般是相同的。

在会计核算方面，单位为员工缴纳的社保和住房公积金部分，要计入其工资成本中，因此会通过"应付职工薪酬"科目进行核算。更具体的是，还要按照社保和住房公积金项目进行明细核算,涉及的会计科目是"应付职工薪酬——社会保险费"和"应付职工薪酬——住房公积金"。

而员工个人缴纳的社保和住房公积金部分,一般由用人单位代扣代缴。此时这部分社保和住房公积金是从员工的应得工资中扣出来的,不属于企业另外支付的工资成本,因此需要用到的会计科目是"其他应收款",而不再是"应付职工薪酬"。

在企业为员工代扣社保和住房公积金时,按照这两个项目,贷记"其他应收款——社会保险费(个人部分)"科目和"其他应收款——住房公积金(个人部分)"科目;在代缴时,借记"其他应收款——社会保险费(个人部分)科目"和"其他应收款——住房公积金(个人部分)"科目。

社保与住房公积金的其他注意事项

HR在办理社保与住房公积金时,除了要掌握基本知识外,还需要关注细节,以更高效地完成社保和住房公积金办理工作。

(1)社保

企业在为员工缴纳社保时,需要注意以下四个细节问题:

- ◆ 企业需要在成立之日起30日内去当地社保局办理社保开户。
- ◆ 用人单位每月都必须把新增加的员工信息添加到企业的社保账户中,并把已经离职的员工从账户中删除。
- ◆ 用人单位每月要为员工申报正确的社保缴费基数,以确保社保的正常缴纳。
- ◆ 如果企业、银行和社保管理机构三方签订了银行代缴协议,则社保费用将在每月约定好的固定时间从企业的银行账户中直接扣除。当然，企业也可以选择通过现金或支票的形式自行缴费。

（2）住房公积金

根据有关法律法规和政策的规定，住房公积金的缴存工作需要注意的事项比较多，下面以问答的形式进行说明。

新成立的企业何时建立住房公积金缴存关系？

新成立的企业应从设立之日起30日内到当地住房公积金管理中心办理缴存登记。

住房公积金的缴存时限是怎样的？

用人单位应在每月发放职工工资之日起5日内，将单位缴存的和为职工代缴的住房公积金汇缴到住房公积金管理中心的住房公积金专户内。

新参加工作的职工从参加工作的第二个月起开始缴存住房公积金；新调入的职工从调入单位发放工资的当月起开始缴存住房公积金。

单位从未缴存过住房公积金的应如何补缴？

单位补缴住房公积金（包括自行补缴和人民法院强制补缴）的数额，可根据实际情况采取不同方式确定。单位从未缴存住房公积金的，应按照实际经营情况补缴欠缴职工的住房公积金。

职工的住房公积金在同一缴存地单位之间调动及单位合并、分立的情况下如何办理转移？

职工在同一缴存地单位之间调动及单位合并、分立的情况下，可办理住房公积金的转移手续。办理转移时，填写"住房公积金转移凭证"，并加盖调入、调出单位公章。

单位与职工终止劳动关系的，如何办理住房公积金账户的封存手续？

单位与职工终止劳动关系的，单位应自劳动关系终止之日起 30 日内到当地住房公积金管理中心办理职工住房公积金账户封存手续，填写"变更清册"（一式两份，加盖公章）。

什么是个人住房公积金贷款？

个人住房公积金贷款指按《住房公积金管理条例》规定按时足额缴存住房公积金的借款人，在购买自住住房时，以其所购住房或其他具有所有权的财产作为抵押物或物质，或由第三人为其贷款提供保证并承担偿还本息连带责任，申请以住房公积金为资金来源的住房贷款。

社保和住房公积金是个人所得税的税前扣除项

社保和住房公积金是在计算个人所得税的应税所得额时需要在税前扣除的项目，也称为专项扣除。具体的专项扣除项目包括四项。

- ◆ 个人缴纳部分的基本养老保险费。
- ◆ 个人缴纳部分的基本医疗保险费。
- ◆ 个人缴纳部分的失业保险费。
- ◆ 个人缴存部分的住房公积金。

为什么说社保和住房公积金是个人所得税的税前扣除项呢？这里我们先来认识个人所得税应纳税所得额和应纳税额的计算公式。

应纳税所得额 = 月收入 $-5\,000.00$（免征额）$-$ 专项扣除（三险一金）$-$ 专项附加扣除 $-$ 依法确定的其他扣除

应纳税额 = 应纳税所得额 × 适用税率 − 速算扣除数

由上述计算公式可知，个人缴纳或缴存的社保和住房公积金是不计入应纳税所得额的，也就没有对这部分"拿出来的收入"征收个人所得税。换句话说，在计缴个人所得税前，就把这部分社保和住房公积金从收入中扣除了，所以称之为税前扣除项。

但HR需要注意，扣除的社保和住房公积金是个人缴纳的那一部分，与用人单位缴纳的那部分无关，因为单位缴纳的那部分并不是职工个人"拿出来的收入"，而是用人单位发生的不算在职工应发工资里面的工资成本。

根据相关规定，个人按照法律法规及政策的规定缴纳的社保和住房公积金，可在税前据实扣除，即发生多少就扣除多少。

苏珊在一家食品加工厂担任车间管理人员，已知会计核算出其7月的应发工资为6 088.00元，假设每月个人应缴纳社保并缴存住房公积金共412.00元，单位应为苏珊缴纳的社保并缴存住房公积金共702.00元。不存在其他扣除项，苏珊当月需要缴纳多少个人所得税？

应纳税所得额 =6 088.00−5 000.00−412.00=676.00（元）

根据个人所得税税率表可知，苏珊当月适用个人所得税税率为3%。

应纳税额 =676.00×3%=20.28（元）

如果用人单位和个人没有按照相关法律法规或政策的规定，在可允许扣除范围内缴纳社保和缴存住房公积金，则多缴纳或缴存的部分就不能在计缴个人所得税前扣除。

HR要懂养老保险的4个组成部分

可能很多人都没有认真研究过养老保险和基本养老保险，甚至很多人认为这是两个相同的概念。实际不然，养老保险包括基本养老保险。我们常说的"社保"中的养老保险指基本养老保险。那么，养老保险究竟是什么呢？

在我国，养老保险由4个部分组成：基本养老保险、企业补充养老保险、个人储蓄性养老保险和商业养老保险。下面就从这4个方面来了解养老保险。

（1）基本养老保险

基本养老保险是养老保险中最基础、最重要的一个部分，主要用来保障离退休人员的基本生活。一般由国家、公司和个人三方共同承担保费支出，统一使用、支付。受益对象的范围较广、人数较多，且受益时间较长。

该保险具有强制性、互济性和社会性。无论是城镇职工，还是城镇居民未在岗人员或农村居民，都可以缴纳该类保险，以此获得相应的保障。

（2）企业补充养老保险

企业补充养老保险又称企业年金，是由国家宏观调控、企业内部决策执行的企业补充养老保险。企业根据自身经济承受能力，在参加基本养老保险的基础上，为了提高职工的养老保险待遇水平而自愿为本企业职工建立的一种辅助性养老保险。

该类保险不具有强制性，它是一种典型的企业行为。经营效益好的企业可以多投保；经营效益差的企业，甚至经营亏损的企业可以不投保。

为企业职工购买企业补充养老保险，可以使年老退出劳动岗位的职工在领取基本养老金水平上再提高一步，有利于稳定职工队伍，促进企业发展。

这里有一个知识点需要 HR 了解，企业为员工购买企业补充养老保险所支付的费用，在计算企业所得税前，需按照标准扣除，不能据实扣除。在计算个人所得税前，也是如此，按照标准扣除。

（3）个人储蓄性养老保险

个人储蓄性养老保险是我国多层次养老保险体系的一个组成部分，是由职工自愿参加、自愿选择经办机构的一种补充保险形式。个人储蓄性养老保险的存在目的是扩大职工个人的养老保险经费来源，减轻国家和企业的负担，增强职工的自我保障意识和参与社会保险的主动性。

社会保险主管部门针对职工个人储蓄性养老保险制定具体办法，职工个人根据自己的工资收入情况，按规定缴纳个人储蓄性养老保险费，记入当地社会保险机构在有关银行开设的养老保险个人账户，并按不低于或高于同期城乡居民储蓄存款利率计息，以提倡和鼓励职工个人参加个人储蓄性养老保险，所得利息也记入个人账户，本息一并归职工个人所有。职工达到法定退休年龄并经批准退休后，凭个人账户将储蓄性养老保险金一次总付或分次支付给职工本人。

（4）商业养老保险

商业养老保险是以获取养老金为主要目的的一种长期人身险，也称退休金养老保险，是社会养老保险的补充，具有一定的商业性，是年金保险的一种特殊形式。商业性养老保险的被保险人在缴纳了一定的保险费后，就可从一定年龄开始领取养老金。

商业性养老保险与通过签订保险合同来约束保险费的缴纳（投保人）和

支付养老金（保险公司）的行为，一般由职工个人根据自身需求决定是否购买该类养老保险。

社保以外的商业保险涉及的财务问题

商业保险指由专门的保险企业经营，订立保险合同，以营利为目的的保险形式。当公司按照自身内部议事规则，经过董事会或经理办公会议决议，改革内部分配制度，从而在实际发放工资和社会保险统筹外，为职工购买商业保险的，会涉及相应的财务问题。

（1）用作奖励的商业保险需要缴纳个人所得税

如果企业为员工购买的商业保险是为了奖励员工，则对企业来说，支出的保险费应在"应付职工薪酬"科目中列支，并根据职工所属部门将保险费开支计入相应的费用当中进行核算；对职工个人来说，就需要针对这部分奖励计缴个人所得税。

①企业为员工购买商业保险并支付保险费时，编制如下会计分录。

借：应付职工薪酬——商业保险费
　　贷：银行存款
　　　　应交税费——个人所得税

②将购买的商业保险作为奖励发放给员工时，编制如下会计分录。

借：管理费用（或销售费用、生产成本等）——商业保险费
　　贷：应付职工薪酬——商业保险费
借：应交税费——个人所得税
　　贷：银行存款

由于实务中很少涉及企业为员工购买商业保险作为奖励的情况,因此这里就不再举例作详细说明。

(2)用作福利的商业保险不需要缴纳个人所得税

如果企业为员工购买商业保险是作为员工福利,则支出的保险费用要在应付福利费中列支,而职工个人方面不需要针对该部分福利缴纳个人所得税。

①企业为员工购买商业保险并支付保险费时,编制如下会计分录。

借:应付职工薪酬——职工福利费(商业保险费)
　　贷:银行存款

②企业将购买的商业保险作为福利发放给员工时,编制如下会计分录。

借:管理费用(或销售费用、生产成本等)——商业保险费
　　贷:应付职工薪酬——职工福利费(商业保险费)

第 4 章

人力资源管理中的各种开支与财务的联系

人力资源部门作为企业经营管理工作中的一个重要职能部门，日常开展人力资源管理工作时难免会涉及各种费用的开支。而无论是哪方面的开支，只要发生了，就必须通过财务工作进行账务处理，真实且详尽地反映企业经营过程中的各种资源耗费。因此 HR 要了解自身工作中的开支与财务的联系。

招聘发生的费用开支怎么核算

企业的发展离不开人才，人才的获取主要靠招聘工作。对企业来说，招聘环节必然会消耗一定的资金，用于组织、安排和实施招聘工作。

如果没有特殊规定，一般来说，企业人力资源部发生的员工招聘费用全部计入管理费用，通过"管理费用"科目进行核算。这是会计核算上财会人员要做的工作，那么HR在这项工作当中，又需要做哪些事情呢？下面分两种情况介绍。

（1）在开展招聘工作前向公司申请招聘经费

当HR做了详细的招聘工作计划后，紧接着要对招聘工作所需的资金进行预估，然后在开展招聘工作前向公司财务部申请使用经费。

HR在预估招聘工作所需的经费时，要从招聘途径、招聘流程和面试程序等方面考虑资金需求，将所有可能涉及的招聘费用统计到一张表格中，或制成招聘费用计划书，递交给财务部经理审核签字。当招聘活动的经费预算计划通过了相关负责人签字确认后，HR就可填写费用申请表了。

费用申请表经过人力资源部的经理签字审核后，交由总经理签字审批（有时无须总经理签字审批），然后将费用申请表递交给财务部，由财务部负责人审核确认无误后，将招聘工作所需的经费发放给人力资源部。有些公司在制作招聘费用申请表时，会将所有的费用开支项目综合列示在一张表格中，而有的公司则会根据不同的招聘途径，分别制作费用申请表。

图4-1和图4-2所示的分别是招聘费用预算表和招聘费用申请表。

××年度招聘计划及费用预算表

一、招聘目的	通过招聘的开发与管理，为各部门提供招聘工作的流程和依据，建立良好的人才选用机制，满足公司发展对岗位人才的需要。					
二、招聘方法/渠道	内部招聘：□内部调动　□岗位轮换　□内部推荐　□公司网站　□内部微信					
	外部招聘：□网络媒体　□橱窗广告　□小区广告　□现场招聘会　□校园招聘　□厂区横幅					
三、年度招聘费用预算总计： 元/年						
四、年度公司人员编制定额（人）				目前人员配置额（人）		
五、年度公司各部门岗位设置、人员配置规划				六、招聘实施预算明细		
岗位名称	定编人数	现有人数	申报人数	核定人数	招聘渠道	预算费用	备注
综管部经办人：		分管领导审核：		总经理审批：		

图 4-1　招聘费用预算表

招聘费用申请表

申请日期：　年　月　日

申请部门	行政人事部	渠道名称	××人才市场
申请费用	月卡1 500.00元（不限次数）周一至周六下午针对营销专场	人员需求	
申请原因	尊敬的公司领导： 您好！ 　　我是行政人事部负责招聘工作的××，目前人员招聘工作是人事工作的重点。但合适的人才迟迟招聘不到位，颇为着急。 　　经过与市场部和其他部门领导讨论，决定采取现场招聘的方式，收集相关资料对各大人才市场进行对比，目前已确定一家人才市场，收费情况如下： | 招聘名称 | 时间 | 收费标准 | 招聘会类型 | 近期招聘会 | 联系方式 | |---|---|---|---|---|---| | ××人才市场 | 周一至周六13:30～16:30（针对营销专场） | 500元/场 月卡1 500元（不限次数） | 每日下午都是针对营销专场 | 每日下午（周三之前人流量较多） | ××× | 望请领导批示！		
申请人		部门负责人签字	总经理签字

图 4-2　招聘费用申请表

除此以外，HR在向财务部申请使用招聘经费时，还需要按照规定填写借款单。由于各公司自身的规定不同，借款单的样式会不一样。图4-3是常见的一种简单的借款单格式。

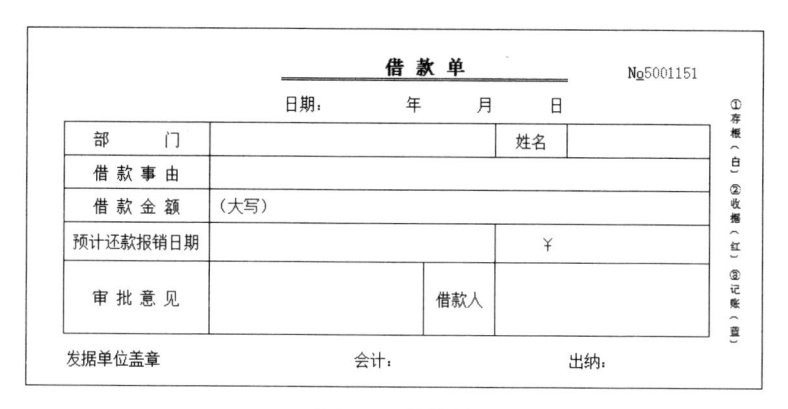

图 4-3 借款单

（2）开展招聘工作后向公司报销经费开支

在公司经营管理实务中，难免会遇到先垫付费用后向公司申请报销的情况，招聘工作也不例外。公司的人力资源部有时为了尽快开展招聘工作，会先由部门垫付招聘所需的经费，招聘工作结束后再向公司申请报销这部分费用。

这种情况下，很可能无法制订详细的招聘工作计划，也无法编制招聘工作所需的经费预算。此时 HR 可以按照招聘工作中实际发生的招聘费用向财务部申请报销。但要注意，为了使招聘费用成功报销，必须保存好招聘工作开展期间收到的各种单据、票据，否则部门先垫付了经费支出，最终可能因为没有合理、合法的费用票据而无法报销，那么人力资源部甚至具体负责招聘工作的 HR 就需要自行承担招聘费用。

HR 在招聘工作结束后，需将收到的各种单据、票证提交给公司财务部，同时按照财务部门会计人员的指导填写费用报销单，一起交给财会人员审核，审核通过后才能获取垫付的招聘费用。图 4-4 是常见的费用报销单样式。

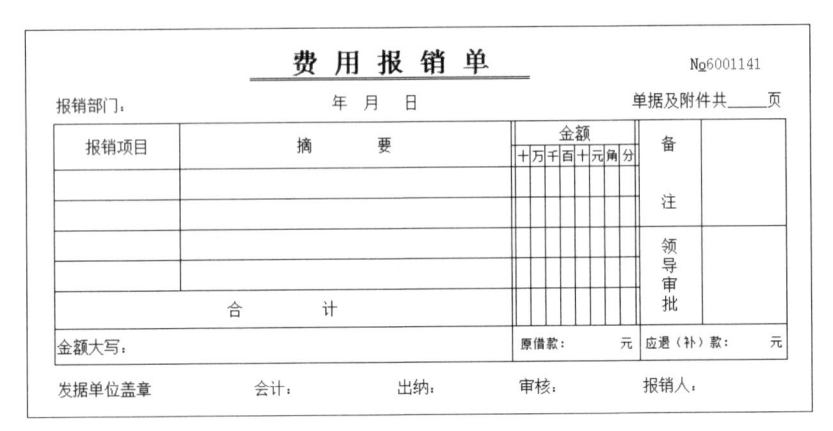

图 4-4　费用报销单

无论是招聘费用预算表、招聘费用申请表，还是借款单、费用报销单，这些作为原始凭证使用的表格和单据必须如实填写，否则经审核不通过，就无法做账，相关经济事项或业务就会受到阻碍而无法顺利开展。

收到外单位开具的发票或单据应该怎么处理

企业内部各职能部门在经营管理过程中都有可能收到外单位开具的发票或单据，主要是用来证明经济业务的发生或完成，而人力资源部也不例外，比如采购本部门所需的办公用品收到增值税发票等。

无论是人力资源部还是其他部门，在收到外单位开具的发票或单据时，首先要做的事情就是按照一定的标准和规范审核这些原始凭证，看是否符合要求，因为原始凭证是财会人员填制记账凭证的直接依据，所以必须保证正确无误。

那么，先来了解原始凭证的审核内容以及填制要求。

（1）从外单位收到原始凭证后要审核

虽然审核原始凭证并不是 HR 的主要工作，但为了能如实反映经济业务的发生和完成情况，充分发挥会计监督职能，保证会计信息的真实、完整，HR 有责任协助财会人员对原始凭证进行严格审核。因此，HR 需要大致了解原始凭证有哪些审核内容，如表 4-1 所示。

表 4-1 原始凭证的审核内容

审核方向	审核内容
真实性	1. 审核凭证日期、业务内容和数据等是否真实 2. 审核加盖的单位公章或财务专用章是否真实 3. 审核如发票这样的通用原始凭证本身的真实性，以防作假
合法性	1. 审核凭证记录的经济业务是否符合国家法律法规 2. 审核凭证是否履行了规定的凭证传递和审核程序
合理性	1. 审核凭证记录的经济业务是否符合企业经济活动的需要 2. 审核凭证记录的经济业务是符合企业的有关计划和预算
正确性	1. 审核凭证上的接收单位的名称是否正确 2. 审核凭证上金额的填写和计算是否正确 3. 审核凭证的更正是否正确等
完整性	1. 审核凭证的各项基本要素是否齐全，是否有漏项的情况 2. 审核凭证上记录的日期是否完整 3. 审核凭证上的数字是否清晰、文字是否工整 4. 审核凭证上有关人员的签章是否齐全 5. 审核凭证的联次是否完整等
及时性	主要审核凭证的填制日期与收到凭证的日期之间的距离，看是否接近

但是，知道了原始凭证要审核哪些内容，究竟怎样的标准才表明原始凭证是真实的、合法的、合理的、正确的、完整的和及时的呢？

◆ **审核的原始凭证记录的接收单位的名称是正确的**：原始凭证上的单位名称要写全称，不能简化书写。

- ◆ **审核的原始凭证经济业务内容是完整的**：原始凭证上记录的品名或用途等信息要明确，不能含糊不清。
- ◆ **审核的原始凭证所记录的金额数字是正确且完整的**：原始凭证上记录的文字要简明，字迹要清楚，要易于辨认，不能使用未经国务院公布的简化汉字，大小写金额也必须符合填写规范，具体见第1章。
- ◆ **审核的原始凭证的更正是正确的**：原始凭证不得涂改、刮擦和挖补，如果金额有错误，应由出具单位重开，不得在原始凭证上更正；如果是其他错误，应由出具单位重开或更正，更正处要加盖出具单位的印章。

由于发票是比较特殊的原始凭证，除了要按照前述审核内容和填制标准、规范进行审核外，还需要对发票本身的真实性、合法性进行审核，看其在格式上是否存在错漏，是否属于专门的机构监制等。而要想判断发票本身的真伪，就需要对其通用格式有所了解。不同的发票其格式存在差别，如图4-5~图4-12所示的是目前市场上常用的发票种类。

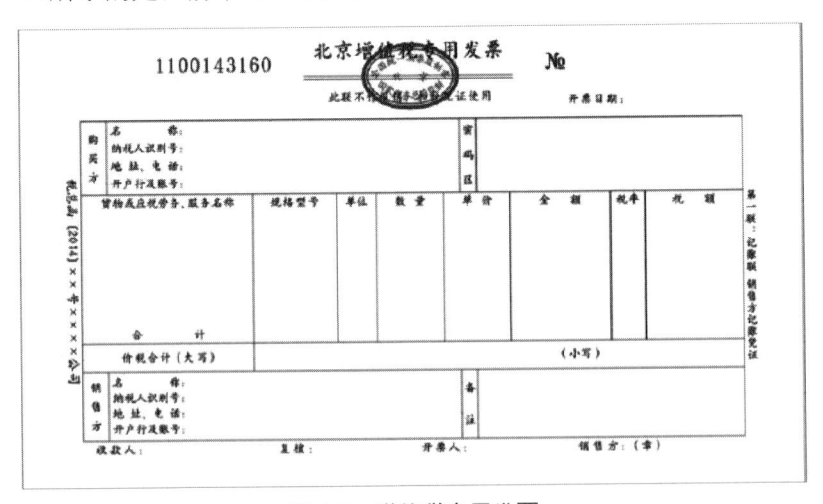

图4-5 增值税专用发票

第4章 人力资源管理中的各种开支与财务的联系

图 4-6 机动车销售统一发票

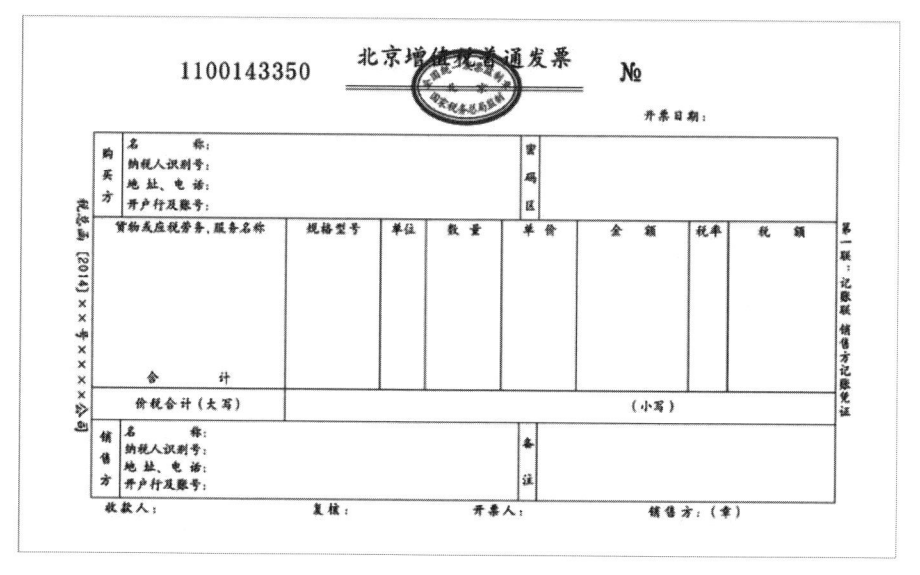

图 4-7 增值税普通发票

图 4-8 二手车销售统一发票

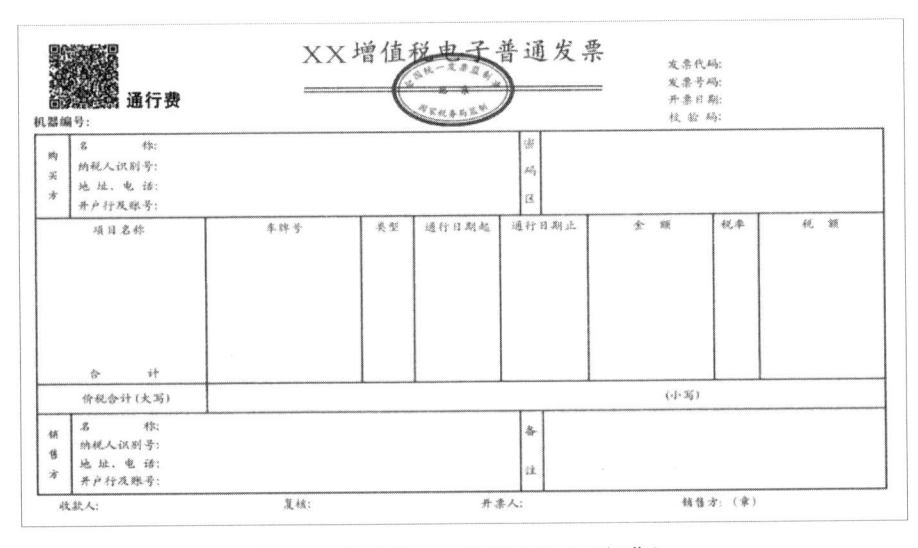

图 4-9 增值税电子普通发票（通行费）

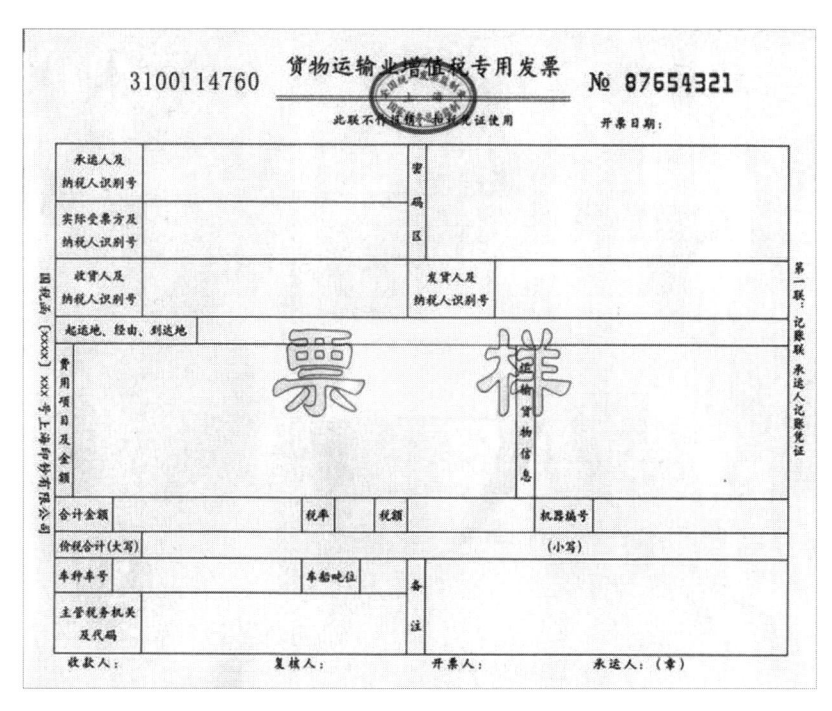

图 4-10　货物运输业增值税专用发票

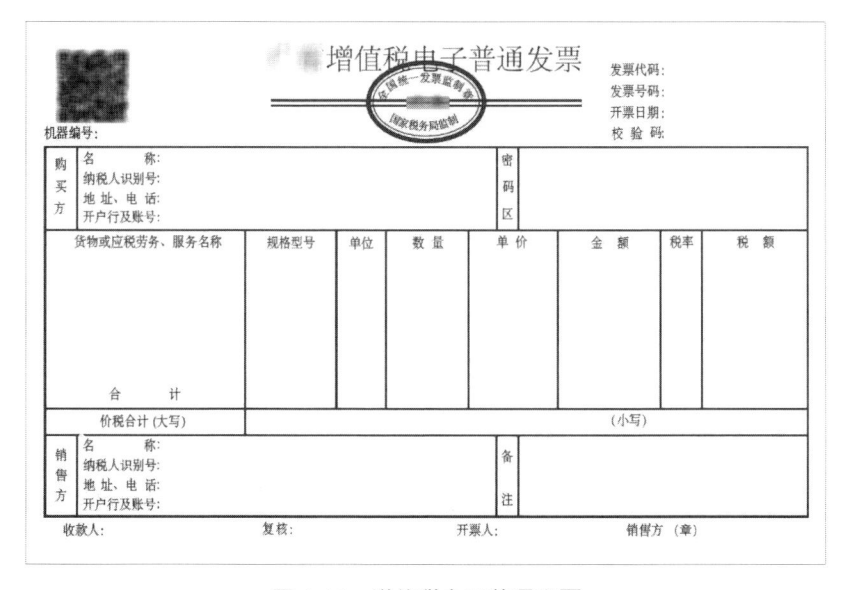

图 4-11　增值税电子普通发票

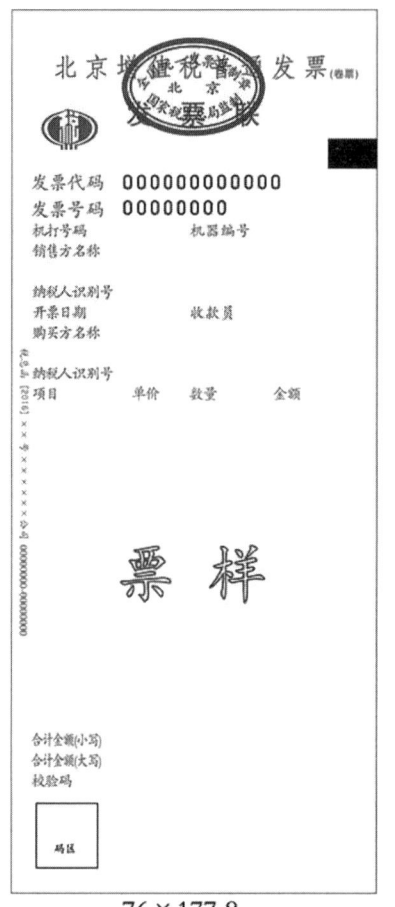

图 4-12 增值税普通发票(卷票)

(2)将发票和单据等原始凭证递交给财务部

当 HR 接收到外单位开具的发票或其他单据后,除了按规定对这些原始凭证进行初步的审核外,就是要及时将这些凭证递交给公司的财务部,方便财会人员及时做账。

员工培训费支出也需要做账

对企业的人力资源部及其部门中的各位 HR 来说，招聘只是其日常工作中的一部分工作，还有一部分工作则是招聘后的入职培训以及入职后的员工管理等。不管是刚入职的员工培训，还是工作中不定期的员工培训，都是为了提高员工的工作技能，拓展与工作相关的知识。

在培训过程中，显然会产生一定的培训费，如各种培训资料的采购费、打印费，培训老师的工资或报酬等。在发生这些费用开支时，HR 一般都会收到相关的票据，如采购办公用品、购买培训资料等时收到卖方开具的增值税发票，以及向培训老师支付报酬时收到的银行付款通知单等，这些票据都要及时递交给财会人员，由财会人员据以做账、登账。

那么，员工培训费支出应该怎么核算呢？在会计核算工作中，员工的培训费一般确认为职工教育经费，通过"应付职工薪酬——职工教育经费"科目进行明细核算。但在将其归入到当期损益时，无论是哪个部门的员工发生的培训费，一般都计入管理费用进行核算。

1.确认员工培训费支出时，将其归入当期损益的费用类科目。

借：管理费用——培训费
　　贷：应付职工薪酬——职工教育经费

2.支付相关的培训费支出时，要么用现金支付，要么用银行转账支付。

借：应付职工薪酬——职工教育经费
　　贷：库存现金 / 银行存款

> **知识延伸 | 员工培训费 ≠ 职工教育经费**
>
> HR需要特别注意的是,职工教育经费不一定就是员工培训费,但是职工教育经费主要用于职工培训。从适用范围来看,员工培训费只是职工教育经费中的一部分,还有其他一些费用支出也可归入职工教育经费的列支范围。
>
> 1. 员工上岗和转岗的培训费。
> 2. 各类岗位适应性培训的费用支出。
> 3. 岗位培训、职业技术等级培训和高技能人才培训等培训费支出。
> 4. 专业技术人员继续教育的费用支出。
> 5. 特种作业人员培训的费用支出。
> 6. 企业组织的职工外送培训的经费支出(包括异地培训涉及的来回交通费、住宿费和餐费等都可计入职工教育经费)。
> 7. 企业购置教学设备和设施的费用支出。
> 8. 企业的职工参加职业技能鉴定、职业资格认定等的经费支出。
> 9. 职工岗位自学成才的奖励费用支出。
> 10. 职工教育培训管理费用。
> 11. 有关职工教育的其他开支。

员工的各种补贴如何做账

从本书第2章的相关内容可知,企业给予员工的各种补贴中,只有少部分符合规定的可以计入员工工资中,并计缴个人所得税;而大部分作为职工福利的补贴是不计入员工工资中的,也就不需要计缴个人所得税。但无论是否计入员工工资,企业给予员工的各种补贴都要通过"应付职工薪酬"科目核算企业的人工成本(广义上的)。下面分别来认识这些常见的补贴。

（1）高温补贴

高温补贴一般指高温津贴，是企业为了保证炎夏季节高温条件下生产经营活动的正常进行，保障企业职工在劳动生产过程中的安全和身体健康所提供的一种津贴待遇。

实务中，有的企业直接发放现金，有的企业则发放高温防暑用品，还有的企业组织开展避暑活动。以不同形式兑现的高温补贴，在会计核算上有些微的区别。

◆ 以现金发放高温补贴

企业如果在高温季节向内部所有员工发放一定数额的现金作为高温补贴，此时财会人员将企业的这部分开支直接确认为高温津贴，并计入员工的工资，通过"应付职工薪酬——工资、奖金、津贴和补贴"科目核算，与员工的基本工资收入一起计缴个人所得税。

7月高温天气，某市一钢厂决定向员工发放高温补贴。已知生产工人38人，每人发放500.00元的高温补贴；车间管理人员3人，每人发放350.00元的高温补贴；其他行政管理人员和销售人员共22人，每人发放300.00元的高温补贴，其中销售人员有7位。相关账务处理如下。

生产工人的高温补贴总额 =38×500.00=19 000.00（元）

车间管理人员的高温补贴总额 =3×350.00=1 050.00（元）

其他行政管理人员的高温补贴总额 =（22-7）×300.00=4 500.00（元）

销售人员的高温补贴总额 =7×300.00=2 100.00（元）

1. 确认所有员工的应付高温补贴。

借：生产成本   19 000.00
    制造费用   1 050.00
    管理费用   4 500.00

销售费用　　　　　　　　　　　　　　　　　　　　2 100.00
　　贷：应付职工薪酬——工资、奖金、津贴和补贴——高温补贴　26 650.00

2.给所有员工发放高温补贴。

借：应付职工薪酬——工资、奖金、津贴和补贴——高温补贴　26 650.00
　　贷：银行存款　　　　　　　　　　　　　　　　　　　　26 650.00

对企业来说，这部分高温补贴归入了员工的工资，属于企业的工资支出，在计缴企业所得税时可全额税前扣除。

如果企业是以"福利"的名义发放高温补贴，则应将该部分支出确认为职工福利费，通过"应付职工薪酬——职工福利费"科目核算，上述案例中的账务处理则应变为如下所示的样子。

借：生产成本　　　　　　　　　　　　　　　　　　　19 000.00
　　制造费用　　　　　　　　　　　　　　　　　　　　1 050.00
　　管理费用　　　　　　　　　　　　　　　　　　　　4 500.00
　　销售费用　　　　　　　　　　　　　　　　　　　　2 100.00
　　贷：应付职工薪酬——职工福利费　　　　　　　　　26 650.00
借：应付职工薪酬——职工福利费　　　　　　　　　　26 650.00
　　贷：银行存款　　　　　　　　　　　　　　　　　　26 650.00

此时对于员工个人来说，该部分福利费也应与工资一起缴纳个人所得税；但不同的是，企业方面该部分支出只能在14%的比例下进行税前扣除。也就是说，26 650.00元中只有3 731.00元（26 650.00×14%）能够在计缴企业所得税之前从收入中扣除。

◆ 发放高温防暑用品形式的高温补贴

有些公司为了更好地控制成本、管控费用开支，并不直接向员工发放现金高温补贴，而是通过发放清凉饮品、保健用品或夏季防暑用品等实物作为高温补贴。这种高温补贴形式一般作为员工福利核算，但涉及的会计科目不再是"应付职工薪酬——职工福利费",而是"应付职工薪酬——非货币性福利"科目。

这种方式下又会因为用于发放高温补贴的实物是对外采购的还是企业自产的而存在不同的账务处理。如果企业外购商品用于发放高温补贴,则发放商品时不视同销售,也就不确认收入,对应的增值税进项税额要做转出处理;如果企业用自产的产品发放高温补贴,则发放产品时视同销售,既要确认收入,还要确认销项税额。

【例1】

甲公司是一家食品加工厂,7月高温季节时打算向员工们发放降温贴。已知生产工人共35人,每人发100袋降温贴,每袋12.00元;车间管理人员共4人,每人发70袋降温贴;其他行政管理人员共16人,每人发50袋;销售人员共10人,每人发70袋。已知采购时收到卖方开具的增值税专用发票,注明税率为13%,货款已全部通过银行转账支付,则相关账务处理如下。

采购降温贴的总价款 =(100×35+70×4+50×16+70×10)×12.00
= 63 360.00(元)

增值税进项税额 =63 360.00×13%=8 236.80(元)

借:库存商品	63 360.00
应交税费——增值税(进项税额)	8 236.80
贷:银行存款	71 596.80

由于公司将外购商品作为职工福利发给员工,因此需要将前期已经做抵扣认证的进项税额进行转出处理。

借:应付职工薪酬——非货币性福利	71 596.80
贷:库存商品	63 360.00
应交税费——增值税(进项税额转出)	8 236.80

同时还要确认公司的各项费用。

生产成本 =35×100×12.00×（1+13%）=47 460.00（元）

制造费用 =4×70×12.00×（1+13%）=3 796.80（元）

管理费用 =16×50×12.00×（1+13%）=10 848.00（元）

销售费用 =10×70×12.00×（1+13%）=9 492.00（元）

  借：生产成本   47 460.00
    制造费用   3 796.80
    管理费用   10 848.00
    销售费用   9 492.00
    贷：应付职工薪酬——非货币性福利   71 596.80

【例2】

假设甲公司7月向员工发放的降温贴是自己生产的，且这5 280袋降温贴（100×35+70×4+50×16+70×10）的实际成本为8.50元/袋，市场价格为12.00元/袋，则相关账务处理如下。

向员工发放降温贴时，确认收入和非货币性福利，同时结转成本。

  借：应付职工薪酬——非货币性福利   71 596.80
    贷：主营业务收入   63 360.00
      应交税费——增值税（销项税额） 8 236.80

降温贴的成本 =5 280×8.50=44 880.00（元）

  借：主营业务成本   44 880.00
    贷：库存商品   44 880.00

由此可见，以发放实物形式给予员工高温补贴，不同来源的实物对应不同的账务处理。

◆ 组织避暑活动作为高温补贴

有些企业在向员工发放高温补贴时，既不以现金发放，也不发放实物用品，而是组织全体员工开展避暑活动。此时避暑活动发生的费用支出就相当于企业发放给员工的高温补贴。这种情形下，员工没有实际获得现金收入，因此不需要将员工享受的避暑服务所对应的费用计入工资，也就不需要缴纳个人所得税。但对企业来说，这部分开支应确认为职工福利费，并按照不同部门的员工所享受的服务对应的费用，核算成本、费用。

比如，假设甲公司在 7 月的某 3 天高温天气时组织员工外出避暑，生产部门员工享受的服务对应支出为 47 460.00 元，车间管理人员享受的服务对应支出为 3 796.80 元，其他行政管理人员享受的服务对应支出为 10 848.00 元，销售人员享受的服务对应支出为 9 492.00 元。账务处理如下。

借：生产成本	47 460.00
制造费用	3 796.80
管理费用	10 848.00
销售费用	9 492.00
贷：应付职工薪酬——职工福利费	71 596.80
借：应付职工薪酬——职工福利费	71 596.80
贷：银行存款	71 596.80

（2）上下班交通补贴

通常情况下，很多企业会以发放现金的形式将员工的上下班交通补贴并入员工的工资中，这属于职工福利，要与工资、奖金和津贴等一起计征个人所得税。而对企业来说，财会人员应通过"应付职工薪酬——职工福利费"科目进行核算。

还有一些企业没有直接向员工发放交通补贴，而是提供了上下班接送车辆。此时接送车辆发生的加油费、洗车费等费用开支，就不再通过"应付职工薪酬"科目进行核算，而是通过"管理费用——福利费"科目核算。

另外一些企业既不向员工发放上下班交通补贴，也不安排接送车辆，而是允许员工将上下班花费的交通费支出进行报销处理，此时财会人员需要用到的会计科目是"管理费用——交通费"科目。这种情况下,员工报销的交通费可作为企业的税前扣除项目,在计缴企业所得税前按规定进行扣除。

(3) 通信费补贴

一些需要利用电话进行业务沟通的企业,其性质决定了部分员工在日常工作中会花费一定的通信费,且此时的通信费是企业经营管理过程中所必需的,所以企业一般会给相关员工发放通信费补贴。

发放通信费补贴的方式有两种:一是直接与工资一起发放现金补贴;二是由员工实报实销通信费。两者在会计核算方面的处理方式是不同的。

◆ 与工资一起发放现金补贴

在这种通信费补贴方式下,财会人员会将通信费补贴根据不同部门员工的使用情况进行核算,分别计入生产成本、制造费用、管理费用和销售费用等成本费用类科目中。由于这类通信费与员工工资一起发放,则需要并入工资收入总额中计缴个人所得税。

◆ 员工实报实销通信费

如果员工报销的通信费主要用于与员工、客户和供应商等进行工作沟通,即为了企业生产经营管理而发生的通信费,且收到的发票抬头是企业全称,则财会人员直接将员工报销的通信费计入管理费用中进行核算。此时,员工报销的通信费不需要计入工资收入总额中,也就不需要针对该部分计缴个人所得税。

如果员工报销的通信费只是一般情况下发生的,比如企业内部所有员工都有的通信费补贴,则此时员工报销的通信费要确认为员工福利,按照不同部门的员工计入相应的成本、费用类科目中核算,涉及会计科目是"应付职工薪酬——职工福利费——通信费"。这种情形下,对企业来说,发生的职工福利费只有在不超过员工工资薪金总额14%的部分才能在计缴企业所得税前扣除。

（4）冬季取暖补贴

冬季取暖补贴与夏季高温补贴的性质相似，所以会计核算可直接参照高温补贴的核算方法进行。

职工福利费支出的税会差异是什么

"税会差异"是财税管理中的一个重要概念。顾名思义，税会差异就是税法与会计制度的差异。虽然两个领域之间存在密切联系，但两者的目标不同、服务对象也不同，因此两者之间必然存在一定的差异。税会差异最终通过纳税调整来体现。

为什么说职工福利费支出有税会差异呢？这是因为会计核算时需要将企业发生的所有职工福利费支出都记录在案，填制凭证、登记账簿和编制报表等，最终还会影响企业当期获取的利润数额，很显然，这里的利润更准确的称呼应该是"会计利润"。

而税法上有明确规定，企业发生的职工福利费支出，在不超过员工工资薪金总额14%的部分，可予以税（即企业所得税）前扣除，而超过部分不能扣除。因此，如果企业实际发生的职工福利费支出超过了当期员工工资薪金总额的14%，则需要进行纳税调整，最终的"应纳税所得额"（即计缴企业所得税的计税依据）与会计核算上作为缴纳企业所得税计税依据的"会计利润"之间就会有差异。这就是职工福利费支出的税会差异的表现。

为了更清楚地理解职工福利费支出的税会差异，来看一个具体案例。

乙公司7月实现利润总额40.00万元。已知当月工资薪金总额共25.00万元，发生的职工福利费共4.20万元。适用的企业所得税税率为25%，没有其他纳税调整项目，相关分析如下。

1. 会计方面，利用实现的利润总额和企业所得税税率计算应缴纳的企业所得税税额。

企业所得税应纳税额＝40.00×25%＝10.00（万元）

2. 税法方面，能够从收入总额中扣减的职工福利费上限为3.50万元（25.00×14%），然而实际发生的职工福利费有4.20万元，因此税会差异为0.70万元。由于会计方面实际扣除了4.20万元，比应该扣除的3.50万元多扣除了0.70万元，因此需要将这多扣除的0.70万元加回到应纳税所得额中，即表现为"纳税调增项"。

企业所得税应纳税所得额＝40.00+0.70＝40.70（万元）

企业所得税应纳税额＝40.70×25%＝10.18（万元）

由于存在税会差异，因此会计方面和税法方面计算得出的企业所得税应纳税额是不一样的。如果存在税会差异，则企业要以税法的规定为准，进行纳税调整，从而调增或调减应纳税所得额，进而计算出最终应缴纳的企业所得税税额，承担相应的纳税义务。

HR出差时是借款还是垫付

在开展企业经济活动的过程中，一些员工免不了要出差办事，HR也不例外。但无论是谁，涉及出差事宜就必然会发生出差费用，那么员工究竟是该先向财务部门申请经费，还是先自行垫付后再向公司报销费用呢？实际上，两种做法都可以。

（1）出差前向财务部门申请经费

HR 因为出差而向财务部门提交借款申请时，除了要填写借款单，还要按照规定的流程办理出差借款手续。图 4-13 所示的是一般的借款流程。

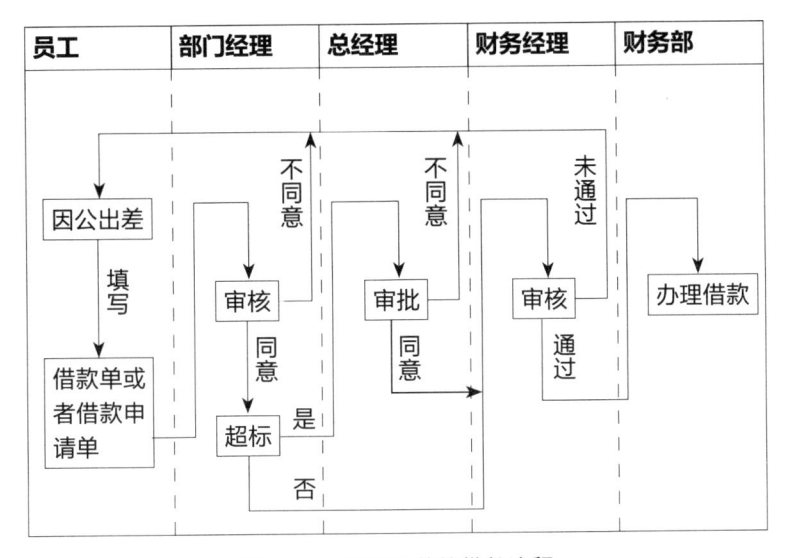

图 4-13　员工出差的借款流程

HR 向财务部门提出借款申请并递交填写好的借款单后，财务部门审核通过就可办理借款手续，同时通知出纳人员将借款支付给申请人（一般是出差员工自己），还要根据借款单填制记账凭证，编制如下会计分录。

借：其他应收款——备用金——××
　　贷：库存现金

当 HR 出差回公司后，财会人员再根据相关票据，将差旅费计入管理费用。如果是销售人员或其他员工，则计入其他相应的费用或成本中。当 HR 出差回公司后，需要向财务部门提交出差期间发生的费用证明，将相关票据提交给财务部门，这时会有 3 种情形，会计处理是不同的，如表 4-2 所示。

表 4-2　HR 出差回公司报销差旅费

情　　形	账务处理
前期借款刚好用完	借：管理费用——差旅费　　（按实际发生额） 　贷：其他应收款——备用金——××
前期借款不够还自行垫款	借：管理费用——差旅费　　（按实际发生额） 　贷：其他应收款——备用金——×× 　　　库存现金
前期借款有剩余要归还公司	借：管理费用——差旅费　　（按实际发生额） 　　　库存现金 　贷：其他应收款——备用金——××

（2）先出差自行垫付后报销费用

公司员工在开展业务工作时难免会遇到突然出差的情况，而此时员工来不及向公司申请出差经费，就只能在出差过程中先自行垫付出差费用，待出差工作结束后回公司再向财务部门报销。当然也有公司明文规定让员工先出差再回公司报销费用。很显然，这种情况下员工出差就少了一个向公司申请借款的步骤，那么这种操作涉及的会计处理又是怎样的呢？

员工出差回公司后要如实地向财务部门提供各种费用票据，同时填写报销单。为了与费用报销单区别，很多公司会单独设计差旅费报销单以供出差人员报销出差费用，它详细记录了员工出差的具体时间、地点、每段时间的出差人数和途中时间、各种补贴的详细情况、各种费用的票据张数和报销金额以及审核张数和审核金额等信息，如图 4-14 所示。

HR 在填好差旅费报销单后，将报销单据按规定标准粘贴在报销单的背面，一并提交给财务部。财会人员审核员工的差旅费单据和报销单，确认无误后，据以填制记账凭证，编制会计分录，同时通知出纳人员向出差员工支付差旅费。

第4章 人力资源管理中的各种开支与财务的联系

差 旅 费 报 销 单

报销部门：　　　　　　　　　　　　　　　　　　　　　　　　　　　年　月　日

姓名		职别				出差事由					
出差地点	日期	区间	人数	天数	其中：途中天数	市内/市外	补贴项目	人数	天数	标准	金额
	月日-月日						伙食补贴				
	月日-月日	-					交通费补贴				
	月日-月日	-					司机出车补贴				
	月日-月日						未卧补贴				
	月日-月日	-					小　计				
项目		报销数		审核数		说明：					
		单据张数	报销金额	单据张数	审核金额						
住宿费											
车船票						主（分）管领导审批：					
飞机票											
小计											
合计金额大写：						合计金额小写：					
单位盖章	会计：		出纳：			报销人：					

图 4-14　差旅费报销单

借：管理费用——差旅费　　　　　　（按实际发生额）
　贷：库存现金

无论是出差前先向财务部门申请借款，还是出差时先行垫付后报销，只要涉及出纳人员支取现金，则出纳人员需要按规定登记现金日记账或银行存款日记账。由此可见，在差旅费报销工作中，并不是只有会计人员才有工作要做，出纳人员也有。

HR工作中产生的业务招待费怎么算

相信很多在职人员都有这样的体会：不仅业务部门会发生业务招待费，

其他部门也可能发生业务招待费,包括人力资源部。

人力资源部的HR因为工作需要而发生业务招待费时,将其计入管理费用中,通过"管理费用——业务招待费"科目进行明细核算。

单从会计核算方面来说,HR工作中产生的业务招待费按照实际发生额计入管理费用,构成企业管理费用中的一部分。而从税法的角度看,企业发生的业务招待费并不能在计缴企业所得税前全额扣除,它有一定的扣除限额,具体内容有两点。

- ◆ 企业发生的与生产经营活动有关的业务招待费支出,按照实际发生额的60%扣除,但最高不得超过当年销售(营业)收入的5‰。
- ◆ 企业在筹建期间发生的与筹办活动有关的业务招待费支出,可按实际发生额的60%计入企业筹办费,并按有关规定在税前扣除。

也就是说,从税法的角度出发,HR工作中产生的业务招待费应按照实际发生额的60%扣除,且最高不得超过当年销售(营业)收入的5‰。这就使得企业发生的业务招待费也存在税会差异。

丙公司2019年实现销售收入2 300.00万元,利润总额800.00万元。已知当年发生业务招待费18.00万元。适用企业所得税税率为25%,没有其他纳税调整项目,相关分析如下。

1.会计方面,利用实现的利润总额和企业所得税税率计算应缴纳的企业所得税税额。

企业所得税应纳税额=800.00×25%=200.00(万元)

2.税法方面,业务招待费实际发生额的60%为10.80万元(18.00×60%),而当年销售收入的5‰为11.50万元(2 300.00×5‰),也就是说,当年可从收入总额中扣减的业务招待费为10.80万元,与实际发生额18.00万元形成7.20万元的税会差异。由于会计方面实际扣除了18.00万元,比应该扣除的10.80万元多扣除了 7.20 万元，因此需要将这多扣除的 7.20 万元加回到应纳税所得额中，即表现为"纳税调增项"。

企业所得税应纳税所得额 =800.00+7.20=807.20（万元）

企业所得税应纳税额 =807.20×25%=201.80（万元）

如果丙公司当年实际发生的业务招待费为 20.00 万元，利润总额为 798.00 万元，则实际发生额的 60% 为 12.00 万元（20.00×60%），超过了当年销售收入的 5‰（11.50 万元），此时公司当年可从收入总额中扣减的业务招待费就为 11.50 万元，与实际发生额 20.00 万元形成了 8.50 万元的税会差异。由于会计方面实际扣除了 20.00 万元，比应该扣除的 11.50 万元多扣除了 8.50 万元，因此需要将这多扣除的 8.50 万元加回到应纳税所得额中，即表现为"纳税调增项"。

企业所得税应纳税所得额 =798.00+8.50=806.50（万元）

企业所得税应纳税额 =806.50×25%=201.63（万元）

由此可见，企业发生的业务招待费也会使企业进行纳税调整。通常，纳税调整工作在企业开展年度汇算清缴时进行。

第5章 HR精英必然要懂个人所得税

> HR的工作实质是管理企业的"人",一切与"人"有关的事务都需要HR了解和处理。而个人所得税与"人"息息相关,该税费的高低直接由"人"的收入多少决定,而且也反作用于"人"最终可以拿到手的工资数额。由此可见,HR必须懂得个人所得税及其相关的财税知识。

了解个人所得税法中的重要内容

在我国，《中华人民共和国个人所得税法》是企事业单位处理一切个人所得税相关事务的标准，也是税务工作的指导性法律、法规。HR 要想精准地了解个人所得税，还需要从个人所得税法入手，掌握其中的重要内容。

什么是居民个人纳税人和非居民个人纳税人？

在中国境内有住所，或者无住所而一个纳税年度内在中国境内居住累计满 183 天的个人，为居民个人。居民个人纳税人从中国境内和境外取得的所得，依照本法规定缴纳个人所得税。

在中国境内无住所又不居住，或者无住所而一个纳税年度内在中国境内居住累计不满 183 天的个人，为非居民个人。非居民个人纳税人从中国境内取得的所得，依照本法规定缴纳个人所得税。

个人所得税的纳税年度？

个人所得税的纳税年度自公历 1 月 1 日起至 12 月 31 日止。

需要缴纳个人所得税的个人所得有哪些？

工资、薪金所得，劳务报酬所得，稿酬所得，特许权使用费所得，经营所得，利息、股息、红利所得，财产租赁所得，财产转让所得，以及偶然所得等都是需要缴纳个人所得税的所得。其中，前 4 项统称为"综合所得"，按纳税年度合并计算个人所得税；如果是非居民个人纳税人取得综合所得，则按月或按次分项计算个人所得税。纳税人取得后 5 项所得，依照本法规定分别计算个人所得税。

个人所得税的税率标准？

个人所得税的税率标准的类型主要有 3 种，如表 5-1 所示。

表 5-1 个人所得税的税率标准类型

所得类型	税率标准类型
综合所得	适用 3% ~ 45% 的超额累进税率
经营所得	适用 5% ~ 35% 的超额累进税率
利息、股息和红利所得，财产租赁所得，财产转让所得和偶然所得	适用固定比例税率，20%

具体的个人所得税税率将在本章后续内容中作详细介绍。

个人所得税的纳税人和扣缴义务人分别是谁？

个人所得税的纳税人为取得所得的人，而扣缴义务人则是支付所得的单位或者个人。纳税人有中国居民身份证号码的，以中国居民身份证号码为纳税人识别号；纳税人没有中国居民身份证号码的，由税务机关赋予其纳税人识别号。扣缴义务人扣缴税款时，纳税人应向扣缴义务人提供纳税人识别号。

除此之外，个人所得税法中还包括减免税政策、应纳税所得额的计算、纳税调整、纳税申报以及汇算清缴等重要内容。这些内容都将在本章后续小节中作详细说明。

哪些收入需计入员工工资计缴个人所得税

这里的"收入"其实就是个人所得税法及其实施条例中所称的"所得"。在前一小节中我们初步认识了哪些个人所得需要缴纳个人所得税，本小节就着重介绍这些所得的具体内容，HR 可参考《中华人民共和国个人所得税法实施条例》进行学习。

（1）工资、薪金所得

工资、薪金所得包括个人因任职或受雇取得的工资、薪金、奖金、年终加薪、劳动分红、津贴、补贴以及与任职或受雇有关的其他所得。需要注意的是，有一些项目不属于工资、薪金所得中的补贴和津贴，这些项目不需要计入个人工资、薪金所得缴纳个人所得税。

- ◆ 独生子女补贴。
- ◆ 执行公务员工资制度未纳入基本工资总额的补贴、津贴差额和家属成员的副食补贴。
- ◆ 托儿补助费。
- ◆ 差旅费津贴、误餐补助等。其中误餐补助指按照财政部规定，个人因公在城区、郊区工作，不能在工作单位或返回就餐的，根据实际误餐顿数，按规定的标准领取的误餐费。

（2）劳动报酬所得

劳动报酬所得包括个人独立从事非雇佣的各种劳务所取得的所得，主要有从事设计、装潢、安装、制图、化验、测试、医疗、法律、会计、咨询、讲学、翻译、审稿、书画、雕刻、影视、录音、演出、表演、广告、展览、技术服务、介绍服务、经纪服务、代办服务以及其他劳务等取得的所得。

区分劳务报酬所得与工资、薪金所得的关键，主要看个人与单位或个人是否存在雇佣与被雇佣的关系。劳务报酬所得一般不存在雇佣与被雇佣关系，它主要是个人独立从事自由职业取得的所得。

如果某人从事上述所列劳务活动中的一种或几种取得的报酬是以工资、薪金形式体现的，则不属于劳务报酬所得，而属于工资、薪金所得，比如演员从其所属公司领取工资，教师从任职学校领取工资等。但如果演员通过"走穴"（指私自参加组织演出）而获得收入，则该收入属于劳动报酬所得。

（3）稿酬所得

稿酬所得指个人因自己的作品以图书、报刊形式出版、发表而取得的所得。这里所说的"作品"包括文学作品、书画作品、摄影作品、翻译作品以及其他作品。

需要注意的是，如果作者去世，财产继承人取得遗作稿酬，也应缴纳个人所得税。

（4）特许权使用费所得

特许权使用费包括个人因提供专利权、商标权、著作权、非专利技术以及其他特许权的使用权取得的所得。在学习该项所得时，需要注意以下3点。

- ◆ 我国个人所得税法律制度规定，提供著作权的使用权所取得的所得，不包括稿酬所得。作者将自己的文字作品手稿原件或复印件公开拍卖（竞价）取得的所得，属于提供著作权的使用所得，应按"特许权使用费所得"项目计征个人所得税。
- ◆ 个人取得特许权的经济赔偿收入，应按"特许权使用费所得"项目缴纳个人所得税，税款由支付赔偿的单位或个人代扣代缴。
- ◆ 从2002年5月1日起，编剧从电视剧的制作单位取得的剧本使用费，不再区分剧本的使用是否为其任职单位，统一按"特许权使用费所得"项目计征个人所得税。

（5）经营所得

经营所得包括个体工商户的生产、经营所得和个人对企事业单位的承包经营、承租经营所得，具体所得项目有4个，如表5-2所示。

表 5-2 经营所得的项目

条　目	项　目
1	个体工商户从事生产、经营活动取得的所得，个人独资企业投资人、合伙企业的个人合伙人来源于境内注册的个人独资企业、合伙企业的生产、经营所得
2	个人依法取得执照，从事办学、医疗、咨询及其他有偿服务活动取得的所得
3	个人对企事业单位承包经营、承租经营以及转包、转租取得的所得
4	个人从事其他生产、经营活动取得的所得

（6）利息、股息、红利所得

利息、股息、红利所得指个人因拥有债权、股权等所取得的利息、股息和红利所得。

其中，利息通常指存款、贷款和债券的利息。股息、红利则指个人拥有股权取得的公司、企业分红，按照一定的比率派发的每股息金，为股息；根据公司、企业应分配的超过股息部分的利润，按股派发的红股，为红利。

（7）财产租赁所得

财产租赁所得指个人出租不动产、机器设备、土地使用权、车船以及其他财产取得的所得，比如个人取得的房屋转租收入。

在实务中，还有一种情况比较特殊的财产租赁所得。那就是房地产开发企业与商店购买者个人签订协议，以优惠价格出售其商店给购买者个人，购买者个人在一定期限内必须将购买的商店无偿提供给房地产开发企业对外出租使用，房地产开发企业会以获得的房租收入抵销购买者个人的商店购买款，而购买者个人少支出的购房价款就视同个人取得的财产租赁所得。每次财产租赁所得的收入额，则按照少支出的购房价款和协议规定的租赁月份数平均计算确定。

（8）财产转让所得

财产转让所得指个人转让有价证券、股权、合伙企业中的财产份额、不动产、机器设备、土地使用权、车船以及其他财产取得的所得。其中，个人将投资于在中国境内成立的企业或组织（不包括个人独资企业和合伙企业）的股权或股份，转让给其他个人或法人的行为，具体情形如表5-3所示。

表5-3　个人转让股权或股份的情形

条　目	情　　形
1	出售股权
2	公司回购股权
3	发行人首次公开发行新股时，被投资企业股东将其持有的股份以公开发行方式一并向投资者发售
4	股权被司法或行政机关强制过户
5	以股权对外投资或进行其他非货币性交易
6	以股权抵偿债务
7	其他股权转移行为

（9）偶然所得

偶然所得指个人得奖、中奖、中彩以及其他偶然性质的所得。得奖是指个人参加各种有奖竞赛活动，取得名次而得到的奖金；中奖、中彩指个人参加各种有奖活动，如有奖储蓄或者购买彩票，经过规定程序，抽中、摇中号码而取得的奖金。

个人取得的所得如果难以界定应纳税所得项目，则由国务院税务主管部门确定。

学会区分个人所得税的免征额与起征点

免征额和起征点是两个不同的概念，在我国，个人所得税的计缴采用的是免征额而非起征点。那么，什么是免征额，什么是起征点呢？

免征额也称"免税点"，是税法规定课税对象中免予征税的数额。无论课税对象的数额有多少，免征额的部分都不征收个人所得税，而仅对超过免征额的部分征税。比如2018年新个人所得税法规定的每月固定扣除费用5 000.00元（每年6万元），就是免征额。

起征点又称"征税起点"，指税法规定对课税对象开始征税的最低界。个人收入未达到起征点的，不缴纳个人所得税；达到或超过起征点的，需按课税对象的全部金额计缴个人所得税。

下面通过一个实例来对比学习免征额与起征点的区别。

假设有甲、乙、丙3人，7月各自的工资收入分别是4 999.00元、5 000.00元和5 001.00元。个人所得税税率适用7级超额累进税率，不考虑其他扣除项目，这3人应缴纳个人所得税的情况分析如下。

1.计缴个人所得税时采用的是免征额5 000.00元。

甲工资收入为4 999.00元，低于免征额5 000.00元，不需要缴纳个人所得税。

乙工资收入为5 000.00元，刚好等于免征额5 000.00元，没有超过免征额，因此也不需要缴纳个人所得税。

丙工资收入为5 001.00元，超过了免征额5 000.00元，则需要对超过部分的1.00元征收个人所得税,适用个人所得税税率为3%。

丙应交个人所得税=1.00×3%=0.03(元)

2.计缴个人所得税时采用的是起征点5 000.00元。

甲工资收入为4 999.00元,低于起征点5 000.00元,不需要缴纳个人所得税。

乙工资收入为5 000.00元,刚好达到起征点5 000.00元,需针对工资收入全额5 000.00元征收个人所得税,假设个人所得税税率为3%。

乙应交个人所得税=5 000.00×3%=150.00(元)

丙工资收入为5 001.00元,超过了起征点5 000.00元,需针对工资收入全额5 001.00元征收个人所得税,假设个人所得税税率为3%。

丙应交个人所得税=5 001.00×3%=150.03(元)

由案例分析过程及结果可知,计缴个人所得税时是采用免征额还是起征点,对低于免征额或起征点的个人来说没有什么区别,但对于超过了免征额或起征点的个人来说,应缴纳个人所得税的税额就存在很明显的差别。

了解个人所得税的税率标准

在本章第一小节的内容中已经介绍了我国个人所得税的税率标准类型主要有3种,且其中两种都采用的是超额累进税率。超额累进税率指把同一计税基数划分为相应等级,分别适用各等级的税率,分别计算税额,各等级税额之和才是应纳税额的一种税率形式。那么,在个人所得税税率的3种标准类型下又有怎样具体的税率标准呢?

（1）综合所得的个人所得税税率标准

根据新的个人所得税法的规定可知，综合所得适用 3% ~ 45% 的 7 级超额累进税率，具体税率标准如表 5-4 所示。

表 5-4　综合所得适用的个人所得税税率

级数	全年应纳税所得额	税率（%）	速算扣除数
1	不超过 36 000.00 元的	3	0.00
2	超过 36 000.00 元至 144 000.00 元的部分	10	2 520.00
3	超过 144 000.00 元至 300 000.00 元的部分	20	16 920.00
4	超过 300 000.00 元至 420 000.00 元的部分	25	31 920.00
5	超过 420 000.00 元至 660 000.00 元的部分	30	52 920.00
6	超过 660 000.00 元至 960 000.00 元的部分	35	85 920.00
7	超过 960 000.00 元的部分	45	181 920.00

如果是按月计缴个人所得税，可将表 5-4 换算为表 5-5 所示的税率标准，即通常所称的工资、薪金所得适用的个人所得税税率。

表 5-5　工资、薪金所得适用的个人所得税税率

级数	全月应纳税所得额	税率（%）	速算扣除数
1	不超过 3 000.00 元的	3	0.00
2	超过 3 000.00 元至 12 000.00 元的部分	10	210.00
3	超过 12 000.00 元至 25 000.00 元的部分	20	1 410.00
4	超过 25 000.00 元至 35 000.00 元的部分	25	2 660.00
5	超过 35 000.00 元至 55 000.00 元的部分	30	4 410.00
6	超过 55 000.00 元至 80 000.00 元的部分	35	7 160.00
7	超过 80 000.00 元的部分	45	15 160.00

HR 需要特别注意的是，如果将应纳税所得额对照税率等级，找准其中

的一级按照对应税率计算个人所得税，则此时需要用到速算扣除数。如果将应纳税所得额对照税率等级，然后依次从第一级开始计算每个层级应缴纳的个人所得税，最终汇总得出总的应缴纳的个人所得税税额，则此时不需要使用速算扣除数。

比如，某人当年应纳税所得额为150 000.00元，对照税率等级。如果直接用第3级的税率计算个人所得税，则应纳税额=150 000.00×20%-16 920.00=13 080.00（元）。而如果对照税率等级后，从第一级开始计算每个层级应缴纳的个人所得税，则

第一级的36 000.00元适用个人所得税税率3%，应纳税额=36 000.00×3%=1 080.00（元）。

第二级包括了108 000.00元（144 000.00-36 000.00），适用个人所得税税率10%，应纳税额=108 000.00×10%=10 800.00（元）。

第三级包括了156 000.00元（300 000.00-144 000.00），而该个人全年应纳税所得额中还有6 000.00元（150 000.00-36 000.00-108 000.00）没有计缴个人所得税，该6 000.00元适用的个人所得税税率就为20%，应纳税额=6 000.00×20%=1 200.00（元）。

3个层级的个人所得税税额=1 080.00+10 800.00+1 200.00=13 080.00（元）

由案例计算结果可知，两种计算方法计算得出的个人所得税税额是相同的，所以两种方法都可以使用，只不过实务中为了方便运算，都会采用第一种，即使用速算扣除数的方法，简便、快捷。

另外还需HR引起重视的是，综合所得中的劳务报酬所得、稿酬所得以及特许权使用费所得有特殊的确认方式。劳务报酬所得和特许权使用费所得在每次收入≤4 000.00元时，分别以各自收入减去800.00元后的余额为应纳税所得额；而每次收入＞4 000.00元时，分别以各自收入减去20%后的余额为

应纳税所得额。稿酬所得在每次收入 ≤ 4 000.00 元时,先减按 70% 计算收入,再以减按收入后的金额减去 800.00 元后的余额为应纳税所得额;在每次收入 > 4 000.00 元时,先减按 70% 计算收入,再以减按收入后的金额减去 20% 后的余额为应纳税所得额。

(2) 经营所得的个人所得税税率标准

根据新个人所得税法的规定可知,经营所得适用 5% ~ 35% 的 5 级超额累进税率,具体税率标准如表 5-6 所示。

表 5-6 经营所得适用的个人所得税税率

级数	全年应纳税所得额	税率(%)
1	不超过 30 000.00 元的	5
2	超过 30 000.00 元至 90 000.00 元的部分	10
3	超过 90 000.00 元至 300 000.00 元的部分	20
4	超过 300 000.00 元至 500 000.00 元的部分	30
5	超过 500 000.00 元的部分	35

本表所称的全年应纳税所得额指依照个人所得税法第六条的规定,以每一纳税年度的收入总额减去成本、费用和损失后的余额。而综合所得适用的个人所得税税率表中所称的全年应纳税所得额指依照个人所得税法第六条的规定,居民个人取得综合所得以每一纳税年度收入额减去费用 6 万元以及专项扣除、专项附加扣除和依法确定的其他扣除后的余额。

(3) 其他所得的个人所得税税率标准

这里的其他所得主要指利息、股息、红利所得,财产租赁所得,财产转让所得和偶然所得,这些所得适用的个人所得税税率是固定的,为 20%。

计缴个人所得税时，哪些项目可扣除

不同的所得在计缴个人所得税时可以扣除的项目是不同的。以最常见的综合所得为例，可以税前扣除的项目包括费用6万元（每月5 000.00元）、专项扣除、专项附加扣除和依法确定的其他扣除。其中专项扣除就是个人应缴纳的三险一金（基本养老保险、基本医疗保险、失业保险和住房公积金），这些内容在本书第3章已经介绍过，本节主要介绍专项附加扣除和其他扣除。

专项附加扣除指个人所得税法规定的子女教育、继续教育、大病医疗、住房贷款利息、住房租金和赡养老人等6项专项附加扣除。

（1）子女教育专项附加扣除

纳税人的子女接受学前教育和全日制学历教育的相关支出，按照每个子女每年12 000.00元（每月1 000.00元）的标准定额扣除。纳税人（即子女的父母）可选择由其中一方按照扣除标准的100%扣除，也可选择由双方分别按照扣除标准的50%扣除，具体扣除方式在一个纳税年度内不能变更。

学前教育指子女年满3岁至小学入学前的教育阶段；学历教育包括义务教育（小学、初中教育）、高中阶段教育（普通高中、中等职业和技工教育）和高等教育（大学专科、大学本科、硕士研究生和博士研究生教育）。

如果纳税人的子女在中国境外接受教育，则纳税人应留存境外学校的录取通知书和留学签证等相关教育证明资料备查。

（2）继续教育专项附加扣除

纳税人在中国境内接受学历（学位）继续教育的支出，在学历（学位）

教育期间按照每年 4 800.00 元（每月 400.00 元）定额扣除。同一学历（学位）继续教育的扣除期限不能超过 48 个月。另外需要注意的是，个人接受本科及以下学历（学位）继续教育的，可选择由其父母按照子女教育支出扣除，也可由本人按照继续教育支出扣除，但不得同时扣除。

纳税人接受技能人员职业资格继续教育、专业技术人员职业资格继续教育的支出，在取得相关证书的当年，按照 3 600.00 元定额扣除。当然，纳税人应留存相关证书等资料备查。

（3）大病医疗专项附加扣除

在一个纳税年度内，纳税人发生的与基本医保相关的医药费用支出，扣除医保报销后个人负担（指医保目录范围内的自付部分）累计超过 15 000.00 元的部分，由纳税人在办理年度汇算清缴时，按照每年 80 000.00 元标准限额据实扣除。

纳税人发生的医药费用支出在选择扣除方式时，可选择由本人或其配偶扣除；纳税人的未成年子女发生的医药费用支出，可选择由其父母一方（即纳税人）扣除。要想顺利享受该项扣除，纳税人应留存医药服务收费及医保报销相关票据原件或复印件等资料备查。

（4）住房贷款利息专项附加扣除

纳税人本人或配偶单独或者共同适用商业银行或住房公积金个人住房贷款为本人或其配偶购买中国境内住房，发生的首套住房贷款的利息支出，在实际发生贷款利息的年度，按照每年 12 000.00 元（每月 1 000.00 元）的标准定额扣除，扣除期限最长不超过 240 个月（即 20 年）。经夫妻双方约定，可选择由其中一方扣除，具体扣除方式在一个纳税年度内不得变更。纳税人应留存住房贷款合同和贷款还款支出凭证备查。

注意，纳税人只能享受一次首套住房贷款的利息扣除。而且非首套住房贷款的利息支出，不得在计缴个人所得税前扣除。

如果夫妻双方婚前分别购买住房发生了首套住房贷款，其贷款利息支出在婚后可选择其中一套购买的住房，由购买方按照扣除标准的100%扣除，也可由夫妻双方对各自购买的住房分别按照扣除标准的50%扣除。很显然，具体的扣除方式在一个纳税年度内也是不能变更的。

（5）住房租金专项附加扣除

纳税人本人及其配偶纳税人的主要工作城市没有自有住房而发生的住房租金支出，可以按照表5-7所示的标准定额扣除。

表5-7　住房租金专项附加扣除的标准定额

情　　形	扣除标准
承租的住房位于直辖市、省会（首府）城市、计划单列市以及国务院确定的其他城市	每年18 000.00元（每月1 500.00元）
承租的住房位于其他城市，且市辖区户籍人口（以国家统计局公布的数据为准，下同）超过100万的	每年13 200.00元（每月1 100.00元）
承租的住房位于其他城市，且市辖区户籍人口不超过100万的	每年9 600.00元（每月800.00元）

纳税人的配偶在纳税人的主要工作城市有自有住房的，视同纳税人在主要工作城市有自有住房，不得享受住房租金专项附加扣除。

如果纳税人及其配偶的主要工作城市相同，则只能由其中一方扣除住房租金支出。而且，纳税人及其配偶在一个纳税年度内不能同时分别享受住房贷款利息和住房租金专项附加扣除。纳税人应留存住房租赁合同或协议等有关资料备查。

该专项附加扣除所称的"主要工作城市"指纳税人任职受雇的直辖

市、计划单列市、副省级城市、地级市（地区、州、盟）全部行政区域范围；纳税人无任职受雇单位的，为受理其综合所得汇算清缴的税务机关所在城市。

（6）赡养老人专项附加扣除

纳税人赡养一位及以上被赡养人的赡养支出，统一按照表5-8所示的标准定额扣除。

表5-8　赡养老人专项附加扣除的定额标准

情　形	扣除标准
纳税人为独生子女的	按照每年24 000.00元（每月2 000.00元）的标准定额扣除
纳税人为非独生子女的	由其与兄弟姐妹分摊每年24 000.00元（每月2 000.00元）的扣除额度，每人分摊的额度不能超过每年12 000.00元（每月1 000.00元）。分摊方式可以由赡养人均摊或约定分摊，也可由被赡养人指定分摊。约定分摊或指定分摊的，必须签订书面分摊协议，且指定分摊优先于约定分摊，也就是说，当指定分摊与约定分摊不一致时，以指定分摊为准。具体分摊方式和额度在一个纳税年度内不能变更

注意，这里所指的被赡养人指年满60周岁的纳税人父母，以及子女均已去世的年满60岁的祖父母和外祖父母。另外，纳税人赡养两位及以上老人的，不按老人的人数增加标准定额。

（7）依法确定的其他扣除

在计缴个人所得税时，依法确定的其他扣除包括个人缴付符合国家规定的企业年金、职业年金，个人购买符合国家规定的商业健康保险、税收递延型商业养老保险额度支出，以及国务院规定可以扣除的其他项目。

至于其他所得，如经营所得，在计缴个人所得税前可以从收入总额中扣除成本、费用以及损失；财产租赁所得可以按照规定标准从收入中扣除一定的费用；财产转让所得可以从收入额中扣除财产原值和合理费用。

员工要缴纳的个人所得税由公司代扣代缴

代扣代缴指按照税法规定，负有扣缴义务的单位和个人，负责对纳税人应纳的税款进行代扣代缴的一种方式。在公司任职或受雇于企事业单位的职工，其应纳的个人所得税就由公司代扣代缴，具体操作是在发放工资时代扣，在实际缴纳税费时代缴。

很显然，企业在为员工代扣代缴个人所得税前，必须先核算出员工应缴纳的个人所得税数额。实务中，HR通过专门的工资核算系统就能批量算出企业内部所有员工应缴纳的个人所得税，不需要HR逐一计算。但即使如此，HR也应了解员工个人所得税应纳税额的计算方法，具体内容如表5-9所示。

表5-9 个人所得税的应纳税额计算

情　形	计算公式
综合所得	应纳税额 = 应纳税所得额 × 适用税率 − 速算扣除数 = （每一纳税年度的收入额 − 费用6万元 − 专项扣除 − 专项附加扣除 − 依法确定的其他扣除）× 适用税率 − 速算扣除数
经营所得	1. 个体工商户的生产、经营所得 应纳税额 = 应纳税所得额 × 适用税率 − 速算扣除 =（全年收入总额 − 成本 − 费用 − 税金 − 损失 − 其他支出 − 以前年度亏损）× 适用税率 − 速算扣除数 2. 对企事业单位的承包经营、承租经营所得 应纳税额 = 应纳税所得额 × 适用税率 − 速算扣除数 =（纳税年度收入总额 − 必要费用）× 适用税率 − 速算扣除数
利息、股息、红利所得	应纳税额 = 应纳税所得额 × 适用税率 = 每次收入额 × 适用税率

续表

情　形	计算公式
财产租赁所得	1. 每次（月）收入不超过 4 000.00 元的： 应纳税额 =[每次（月）收入额 – 财产租赁过程中缴纳的税费 – 由纳税人负担的租赁财产实际开支的修缮费用（800.00 元为限）–800.00]×20% 2. 每次（月）收入超过 4 000.00 元的： 应纳税额 =[每次（月）收入额 – 财产租赁过程中缴纳的税费 – 由纳税人负担的租赁财产实际开支的修缮费用（800.00 元为限）]×（1-20%）×20%
财产转让所得	应纳税额 = 应纳税所得额 × 适用税率 　　　　= （收入总额 – 财产原值 – 合理费用）×20%
偶然所得	应纳税额 = 应纳税所得额 ×20%

HR 要知道，为了正确记录和反映个人所得税的代扣代缴情况，会计核算上要通过"应交税费——应交个人所得税"科目进行核算。在实际向员工支付工资时代扣个人所得税，贷记"应交税费——应交个人所得税"科目；在实际缴纳税费时代缴个人所得税，借记"应交税费——应交个人所得税"科目。下面通过一个具体案例来学习。

徐某是一家技术服务公司的会计主管，7 月的工资总额为 7 500.00 元。公司按照个人所得税法的规定代扣代缴了徐某应缴纳的个人所得税税款。已知徐某每月需扣除子女教育支出 1 000.00 元，社保和住房公积金支出共 482.26 元。没有其他扣除项目，个人所得税的处理如下。

徐某当月应纳税所得额 =7 500.00-5 000.00-1 000.00-482.26=1 017.74（元）

徐某应缴纳个人所得税 =1 017.74×3%=30.53（元）

1. 公司 7 月末确认徐某的应发工资。

　　借：管理费用　　　　　　　　　　　　　　　　7 500.00
　　　　贷：应付职工薪酬——工资、薪金、津贴和补贴　　7 500.00

2. 公司 8 月发放 7 月的工资时代扣个人所得税。

　　借：应付职工薪酬——工资、薪金、津贴和补贴　　7 500.00

贷：银行存款	6 987.21
其他应收款——社保和住房公积金	482.26
应交税费——应交个人所得税	30.53

3. 公司缴纳税费时代缴个人所得税。

借：应交税费——应交个人所得税	30.53
贷：银行存款	30.53

在实务中，一家公司并不会为了某一个员工而单独处理其个人所得税的代扣代缴账务，一般都是一次性处理所有员工的个人所得税代扣代缴。以上案例只是为了方便学习而进行的个别讲解。

熟知个人所得税常见优惠政策

个人所得税的常见优惠政策包括3个方面，一是免征个人所得税的项目，二是减征个人所得税的项目，三是暂免征收个人所得税的项目。

（1）免征个人所得税的项目

根据《中华人民共和国个人所得税法》的相关规定，下列各项个人所得，免征个人所得税。

- 省级人民政府、国务院部委和中国人民解放军军以上单位，以及外国组织、国际组织颁发的科学、教育、技术、文化、卫生、体育和环境保护等方面的奖金。
- 国债和国家发行的金融债券利息。国债利息指个人持有中华人民共和国财政部发行的债权而取得的利息；国家发行的金融债券利息指个人持有经国务院批准发行的金融债券所取得的利息。

- ◆ 按照国家统一规定发给的补贴、津贴。
- ◆ 福利费、抚恤金和救济金。
- ◆ 保险赔款。
- ◆ 军人的转业费、复员费和退役金。
- ◆ 按照国家统一规定发给干部、职工的安家费、退职费、基本养老金或者退休费、离休费和离休生活补助费。
- ◆ 依照有关法律规定应予免税的各国驻华使馆、领事馆的外交代表以及领事官员和其他人员的所得。
- ◆ 中国政府参加的国际公约、签订的协议中规定免税的所得。
- ◆ 国务院规定的其他免税所得。

（2）减征个人所得税的项目

个人纳税人有下列情形之一的，可以减征个人所得税，具体减征幅度和期限由省、自治区、直辖市人民政府规定，并报同级人民代表大会常务委员会备案。

- ◆ 残疾、孤老人员和烈属的所得。
- ◆ 因自然灾害遭受重大损失的。

国务院可以规定其他减税情形，报全国人民代表大会常务委员会备案。

（3）暂免征收个人所得税项目

暂免征收个人所得税项目比较多，这里只列举其中一些比较常见的情况，如表5-10所示。

表5-10　个人所得税暂免征税项目

条　目	暂免征税项目
1	股票转让所得
2	个人举报、协查各种违法、犯罪行为而获得的奖金

续表

条目	暂免征税项目
3	个人办理代扣代缴手续,按规定取得的扣缴手续费
4	个人转让自用达5年以上且是唯一的家庭生活用房取得的所得
5	个人购买福利彩票、赈灾彩票、体育彩票,一次中奖收入在一万元及以下的
6	达到离休、退休年龄,但确因工作需要,适当延长离休、退休年龄的高级专家(指享受国家发放的政府特殊津贴的专家、学者),其在延长离休、退休期间的工资、薪金所得
7	职工与用人单位解除劳动关系取得的一次性补偿收入,在当地上年职工平均工资3倍数额内的部分
8	个人领取原提存的住房公积金、基本医疗保险金、基本养老保险金以及失业保险金
9	自2008年10月9日(含)起获得的储蓄存款利息所得

汇算清缴是怎么回事儿

汇算清缴指所得税和某些其他实行预缴税款办法的税种,在年度终了后的税款汇总清缴工作。其中所得税指个人所得税和企业所得税。那么个人所得税的汇算清缴究竟是怎么一回事呢?

个人所得税以及企业所得税等税种,一般将纳税人全年的应税收入作为计征依据,在年度终了后,按照全年的应税收入额,依据税法规定的税率计算征税,这就是汇算清缴。

在汇算清缴制度下,纳税人前期预缴的税款如果多了,年终汇算清缴时可退;相反,如果前期预缴的税款少了,则年终汇算清缴时需补缴。

对汇算清缴更专业一些的解释是，所得税和其他部分税种的纳税额以会计数据为基础，将财务会计处理与税收法律法规规定不一致的地方，按照税收法律法规的规定进行纳税调整，将会计所得调整为应纳税所得，套用适用税率计算得出年度应纳税额，与年度内已经预缴税额相比较后的差额，确定应补应退税款，并在税法规定的申报期内向税务机关提交会计决算报表和各税种年度纳税申报表等其他资料。

针对个人所得税来说，需要进行年终汇算清缴的情形主要有两种。

第一，居民个人取得综合所得，应按年计算个人所得税，有扣缴义务人的，由扣缴义务人按月或按次预扣预缴税款；需要办理汇算清缴的，应在取得所得的次年3月1日至6月30日内办理汇算清缴。

第二，纳税人取得经营所得，应按年计算个人所得税，由纳税人在月度或季度终了后15日内向税务机关报送纳税申报表，并预缴税款；在取得所得的次年3月31日前办理汇算清缴。

纳税人办理汇算清缴退税或者扣缴义务人为纳税人办理汇算清缴退税的，税务机关审核后，按照国库管理的有关规定办理退税。

第6章

了解财务可以更好地控制人力资源成本

"人"在企业的经营管理工作中是一个必要且重要的因素,没有人员的参与,企业的工作难以开展。而"人"在参与企业的经营管理活动时付出了劳动,企业需向劳动者支付对等的报酬,对企业来说,支出的这部分报酬就是人力资源成本,控制好这项成本对企业的长期发展非常有利,HR必须要知道。

公司的人力资源成本有哪些

为了使人力资源部更好地协助公司控制经营成本，HR要在自己的工作权限内控制好公司的人力资源成本。然而，如果不了解人力资源成本有哪些，何谈控制？怎么控制？很显然，HR必须要先弄清楚公司的人力资源成本有哪些。

按照人力资源管理的过程，可以将人力资源成本划分为六个部分，具体内容如下：

（1）构建人力资源管理体系的成本

对企业来说，要想更好地管理自身的人力资源，应尽可能地构建人力资源管理体系，而构建这一体系时，必然会产生相应的成本，因为需要耗费人力、物力和财力，这些都是人力资源管理体系的构建成本。

人力资源管理体系的构建成本指公司设计、规划和改善人力资源管理体系所消耗的资源总和，包括设计和规划人员的工资、对外发生的咨询费、资料费、培训费和差旅费等。在会计核算方面，一般将该部分成本计入管理费用。

（2）引进人力资源的成本

人力资源，简单来说就是企业生产经营过程中所需的"人"，广义上来看，是一切与"人"有关的资源。公司要想正常运作下去，除了要有资金，还需要有人员的参与。而人员从何而来？这就需要为公司引进人力资源，也就是通常所称的"招聘"和"聘请"等。因此，人力资源的引进成本也被称为"招聘成本"或"人力资源获得成本"。

引进人力资源的成本主要指公司在招募和录取员工的过程中发生的成本，包括招募成本、选择成本、录用成本和安置成本四种，其具体内容见表6-1。

表6-1　人力资源引进成本的构成

组　成	内　容
招募成本	主要是为了确定企业所需的人力资源的内外部来源、发布企业对人力资源的需求信息以及吸引所需人力资源而发生的费用，包括招募人员的直接劳务费用、直接业务费用、间接费用和为了吸引潜在员工而发生的预付费用 直接业务费用如招聘洽谈会议费、差旅费、代理费、广告费、宣传资料费、办公费和水电费等；间接费用如行政管理费、临时场地及设备使用费等；吸引潜在员工预付的费用如为了吸引高校研究生与本科生所预先支付的委托代培费
选择成本	主要是为了帮企业选择出合适的人才所产生的成本，如面谈、测试和体检等发生的费用支出
录用成本	指经过招募选拔后，把合适的人员录用到企业中所发生的费用，包括录取手续费、调动补偿费、搬迁费和旅途补助费等由录用引起的有关费用。通常，被录取者的职务越高，录用成本就会越高
安置成本	指企业为了安置已经录取的员工到具体工作岗位上所发生的费用，如各种行政管理费用、为新员工提供工作所必需的装备条件以及录用部门因安置人员所损失的时间成本

上述这些人力资源引进成本划分比较细致，在会计核算方面，也会统一将这一大类成本归入管理费用中核算。

（3）人力资源培训成本

人力资源培训成本指公司对员工进行培训所消耗的资源总和。公司为了使录用的员工工作能力达到人力资源管理体系所要求的标准，就会对新入职的员工或者需要定期进行知识培训的员工进行业务培训。因此，该成本有时也被称为"人力资源开发成本"。

人力资源培训成本大致包括员工上岗前教育成本、岗位培训成本以及脱产培训成本等。员工上岗前教育成本就是新入职员工的培训成本；岗位培训成本就是已经在岗的员工因为工作需要而进行知识拓展或业务拓展所发生的培训成本；脱产培训成本指公司根据生产经营的需要，允许员工脱离工作岗位接受短期或长期的培训所发生的成本。一般来说，脱产培训的目的是给公司培养高层次的管理人员或专业技术人员，与一般的岗位培训有很大区别。

需要 HR 知道的是，在会计核算方面，财会人员会根据企业会计准则、会计工作规范以及自身的会计核算制度的规定，将这一类人力资源成本归入相关费用或者应付职工薪酬中的职工教育经费中。

（4）人力资源使用成本

人力资源使用成本指企业在使用员工的过程中消耗的资源总和，主要包括以下一些成本项目。

- ◆ 维持人力资源的劳动力生产和再生产所需的费用，即维持成本。
- ◆ 对超额劳动或其他有特别贡献的员工实施奖励而支付的奖金，即奖励成本。
- ◆ 对员工进行考核和评估的人的工资、其他考核评估费用以及为了消除员工疲劳并调剂其工作与生活节奏而发生的费用，即调剂成本。

人力资源使用成本贯穿于企业的整个经营管理工作中，在会计核算方面，对可以具体归类到某位员工身上的使用成本，计入应付职工薪酬中；对不能具体归类到某位员工身上的使用成本，直接计入管理费用。注意，在计入应付职工薪酬时，企业需要根据员工所处的部门，将薪酬分别计入管理费用、销售费用、制造费用和生产成本等成本、费用中。

（5）保障人力资源的成本

保障人力资源的成本也称为"人力资源服务成本"，指公司保障人力资源在暂时或长期丧失使用价值时的生存权而必须支付的费用。常见的如劳动事故保障、健康保障、退休养老保障以及失业保障等费用。

另外还有一类就是根据公司的人力资源管理体系的要求，对所使用的人力资源提供后勤和保障服务所消耗的资源总和，如交通费、办证费、办公用品费和其他保险费等。

这类人力资源成本在会计核算方面的处理，类似于人力资源使用成本，这里不再详述。

（6）遣散人力资源的成本

遣散人力资源的成本包括员工自愿离职使企业消耗的资源和企业解雇员工所消耗的资源。具体包括遣散费或离职补偿成本、离职前员工工作低效成本、遣散造成的损失费、职位空缺成本以及管理人员因处理员工离职事务而发生的管理费用等。

在会计核算方面，该类费用一般计入管理费用，部分符合确认为员工工资的，计入应付职工薪酬。

人力资源中存在哪些隐性成本

隐性成本是一种隐藏在企业总成本中、游离于财务审计监督之外的成本。很多隐性成本都是由于企业或员工的有意或无意行为造成的，是具有一定隐蔽性的将来成本和转移成本的总和，是成本的将来时态。比如企业的管理层决策失误带来的成本剧增，领导的权威失灵造成企业管理上下不一致、信息和指令失真、效率低等，这些都是隐性成本。

隐性成本隐蔽性较强，不易量化，也不易监督和考核，具有滞后性、联动性和整体性，而且也是经营管理过程中难以避免的，它一般与人的行为、素质和工作能力等有关，这些因素决定了隐性成本的高低。因此，各岗位员工要了解自己的本职工作中存在哪些隐性成本，HR 也不例外。表 6-2 所示是人力资源成本中的隐性成本。

表 6-2　人力资源成本中的隐性成本

项　目	说　明
部分招聘成本	1. 在招聘环节，招聘活动涉及的内部工作的沟通协商成本 2. 安排人员组织并实施招聘工作的时间成本等
部分员工管理成本	1. 各级领导想办法提高员工工作积极性、工作效率所花的时间精力 2. 员工在工作之余为了维系良好的同事关系所花的时间等
员工缺勤成本	企业管理者应该都知道，员工缺勤就会影响企业当天相关部门的工作进度，比如财会人员请假，其他部门的同事本来要找请假的人审核申请通过后进行下一步操作，但因为财会人员请假，事情就会停止办理，有时会影响对重要客户的承诺，此时企业又得花时间去维系与客户的关系。无论是工作进度受到影响的成本，还是花时间维系与客户的关系的成本，这些都是隐性成本，无法在账务中体现
员工离职成本中的某些成本	1. 员工离职前低效率工作带来的业绩降低和负面影响的成本 2. 员工离职后岗位空缺和新员工适应岗位工作的时间成本 3. 可能发生商业机密泄漏或专有技术泄露的风险等成本

可以说，企业内部一些为了经济活动服务而发生的、无法记录在案的资源消耗，都是企业的隐性成本，而与人力资源管理有关的，就是人力资源成本中的隐性成本。

从表 6-2 中列举的这些人力资源成本中的隐性成本可以看出，如果企业 HR 没有协助企业做好人力资源管理，就会导致人力资源成本中的隐性成本逐渐增高，经营风险增大。因此，作为企业的 HR，必须要协助企业制定完善的人力资源成本控制策略，有效降低隐性成本，从而降低人力资源成本。相关做法见表 6-3。

表6-3 降低人力资源成本中的隐性成本的做法

措 施	做 法
从观念上重视隐性成本	企业的领导和人力资源部门的管理层一定要跳出"数量控制"的传统成本控制观念,要将"质量控制"和"数量控制""人的控制"和"财物的控制"等相结合,重视不易量化的人力资源隐性成本的开支问题,将控制人力资源的隐性成本纳入成本管控战略中,防止经济行为短期化
优化企业的管理流程	管理岗位或管理层级直接影响工作的效率,从而影响人力资源管理的时间成本。因此,企业必须明确各职能部门甚至各岗位员工的职责,将多余的岗位和职务撤掉,避免出现重复作业或无效作业。相反,如果发现由于岗位缺失或管理流程的不完善而降低了员工的工作效率,则应适当地增加岗位或职务。管理流程之间的各个环节可以无缝衔接,那么管理制度化、系统化、标准化和专业化将是优化企业管理流程的目标
加强人力资源管理	1. 减少用非所学、学非所用造成的人力资源成本浪费 2. 减少人才搭配不合理造成的高才低就的浪费和低才高就的损失 3. 因人派事、因人设岗 4. 重视企业的"知识流"管理,实现内部知识资源共享,确保知识资源不断增值,促使其效益最大化地发挥 5. 重视企业的文化建设,改善员工工作氛围等
管理者要树立全过程控制观念	企业内部的管理者要在管理工作中树立"可持续发展"的观念,不仅要节省当期经营成本,还要重视现实义务和行为对未来经营成本的影响,从而做出正确的成本管控决策

什么是企业的职工教育经费

职工教育经费指企业按照工资总额的一定比例提取,用于职工教育事业的一项费用,是企业为了职工学习先进技术和提高文化水平而支付的费用。该经费的提取不会直接关系到员工个人的利益,因为它是企业自身在生产经营过程中根据给员工发放的工资总额来提取形成的。

在本书的第 4 章已经介绍过职工教育经费的列支范围,这里就不再赘述。这里说明一下我国相关政策中对职工教育经费的计提比例和基数的规定。

根据规定,企业职工教育经费年度提取比例在 1.5%～8% 内确定,具体比例由企业内部经营决策机构(如董事会等)确定。而职工教育经费的计算基数就是企业发生的合理的工资薪金支出。

所谓的合理工资薪金,指企业按照股东大会、董事会、薪酬委员会或相关管理机构制定的工资薪金制度规定实际发放给员工的工资薪金总和,不包括企业的职工福利费、职工教育经费、工会经费以及养老保险费、医疗保险费、失业保险费、工伤保险费和生育保险费等社会保险费和住房公积金。

对 HR 来说,还需要了解关于职工教育经费的知识就是其税前扣除的规定。根据最新的《关于企业职工教育经费税前扣除政策的通知》(财税〔2018〕51 号)的规定,企业发生的职工教育经费支出,不超过工资薪金总额 8% 的部分,准予在计算企业所得税应纳税所得额时扣除;超过的部分,准予在以后纳税年度结转扣除。

与前面章节提及的业务招待费和广告宣传费等不同,职工教育经费发生了多少,就可以扣除多少,只不过在金额较大(超过工资薪金总额 8%)时不能一次性扣除完,需留待以后会计期间继续扣除。

比如,针对某一个会计期间,公司实际发生了 P 元的培训经费,而公司的工资薪金总额的 8% 为 Q 元。假设会计上已经全部将这 P 元实际发生的培训经费进行了扣除,得到了利润表中的利润总额。那么:

如果 $P \leq Q$,则当期税前扣除额按照 P 计算,且无须做纳税调整。

如果 $P > Q$,则税前扣除额按照 Q 计算,且要做纳税调增处理,即要将多扣除了的($P-Q$)元加回到应纳税所得额中。

要特别强调的一点是,企业提取的职工教育经费是企业的一项流动负债,该经费的提取和使用在"应付职工薪酬"科目下进行核算，核算时属于明细核算，会计科目具体为"应付职工薪酬——职工教育经费"。也就是说，企业提取的职工教育经费，在会计核算上，其与社会保险费、住房公积金和职工福利费等属于同一层级的明细科目。

HR要牢记，只有符合职工教育经费的列支范围的费用，才能确认为职工教育经费，否则不能作为职工教育经费入账。由于职工教育经费关系到税务和税收问题，因此如果出现违规操作，将不能确认为职工教育经费的开支计入了职工教育经费，一旦被税务机关查出，企业和相关责任人都要受到相应的处罚，使企业遭受人力资源和经济方面的损失。

做好人力资源成本的预算

HR协助企业控制人力资源成本，不仅需要HR了解人力资源成本的组成和大致内容，还需要学会对人力资源成本进行预算，从而为日常工作中的与人力资源有关的费用开支制定一个标准。将人力资源成本预算作为一个标杆，尽可能地使企业的人力资源成本控制在预算范围内，实施过程中确实有需要开支的费用时，也可在所编制的人力资源成本预算的基础上做适当的调整，以满足企业正常经营过程中的必要消耗。

那么，人力资源成本的预算怎么做？预算的内容包括哪些呢？下面就从人力资源成本预算的内容、编制要点和原则以及编制流程这三个方面来介绍。

（1）人力资源成本的预算内容

人力资源成本的预算内容主要包括三个方面，如表6-4所示。

表6-4 人力资源成本的预算内容

项　　目	内　　容
人力成本	即企业需要支付给员工的工资费用,具体预算一年内企业需要向全体员工支付多少工资
各种基金和保险费用	这里所指的各种基金和保险费用是与工资相关的、我国国家社会保障体系要求的各种基金和保险费用,如基本养老保险、医疗保险、失业保险、工伤保险、生育保险和住房公积金等支出
人力资源部门日常工作发生的费用	人力资源部门在企业经营管理过程中作为从事专业人力资源管理的职能部门,在一个会计年度内的工作中,要针对人力资源进行无数必要的开销,这些开销也要计入人力资源成本的预算内容中。比如招聘费用、对薪酬的市场调查费用、对员工知识技能的测评费用、员工的培训费用、劳动合同的认证费用、辞退员工的补偿费用、劳动纠纷的法律咨询费用以及人力资源部门直接发生的办公费用、通信费用和差旅费用等

（2）编制要点和原则

人力资源成本的编制要点有两个：一是注重内外部环境的变化,进行动态调整；二是注意比较分析费用的使用趋势。在第一个要点下,预算编制的具体操作方法有3个。

- ◆ 看政策：HR要关注政府有关部门发布的年度企业工资指导线,包括基准线、预警线和控制下限。据此做好人力成本的预算工作。

- ◆ 看市场：企业的人力资源部要组织HR定期进行劳动力工资水平的市场调查工作,了解同类企业各类劳动力工资价位的变化情况,掌握劳动力市场工资水平的上限、中线和下限。据以做好人力成本和各种基金、保险费用的预算工作。

- ◆ 看生活水平：HR要关注消费者的物价指数,当物价指数上涨时,工资应相应调整。

人力资源成本的预算原则可用12字总结：分头预算、总体控制、个案执行。即预算时要分类、归类,控制时要从全局出发,执行时要具体情况具体分析。

（3）人力资源成本的预算编制流程

预算的编制工作是严谨的，必须遵循一定的流程来完成，如图6-1所示。

成立预算编制小组	小组应由公司高管或高层领导、人力资源部总监、人力资源部成员（即HR们）和各部门综合管理员组成。高管或高层领导负责小组的领导和决策工作，人力资源总监指导和说明预算编制的具体工作，HR负责预算的具体起草工作，各部门综合管理员负责提供本部门的人力成本预算。
编制预算时间计划	小组成员经过调研论证，确定预算编制的时间计划，包括预算启动时间、确定预算内容的时间、预算方案的制订时间、预算审核时间、预算方案的确定时间以及预算编制完成时间。注意，预算编制完成时间必须在招聘工作前。
送发预算编制模板	人力资源部出具预算编制模板，在启动预算编制程序时将模板送发到其他职能部门，各部门根据模板要求填写相应的预算内容。这是保证预算编制的统一性。
提交预算编制内容	各职能部门在规定时间内将本部门的人力成本预算表提交给人力资源部，HR审核各部门的预算内容是否真实正确，可采取调研或抽查等方式；然后汇总编制人力资源成本预算，形成预算草案。
审核预算内容	人力资源部将编制的预算草案提交给各部门确认，各部门在规定时间内将反馈意见提交给人力资源部，便于HR及时修改完善。该环节的工作一般要进行2~3次才能最终确定预算方案。
确定预算方案	人力资源部与各职能部门充分沟通后，将预算方案提交给公司总经理审批、确认，经过不断完善、修改，最后形成正式的预算执行文件，送发到各部门执行。

图6-1 人力资源成本的预算编制流程

为了保证人力资源成本预算工作顺利开展，还需要采取一些保障措施，主要有3个方面的措施，内容如表6-5所示。

表 6-5 人力资源成本预算工作的保障措施

方　　面	措　　施
人员保障	人力资源成本预算的编制、执行和监督都必须要有相应的人员作为保障，否则人力资源成本预算就会成为一纸空谈，没有实际意义
激励保障	人力资源成本预算工作执行完毕后，企业要对执行结果进行评估和测算，并对所有参与预算执行的单位和部门给予相应的激励措施。这样才算是完善了预算工作，因为有了激励，员工们对以后的预算工作就会更上心，从而提高预算工作的效率和效果。预算的激励保障要提前制定，一般应作为预算编制和执行的配套措施而存在，让各部门在进行预算编制时就清楚知道预算执行后有相应的奖惩措施，以确保预算制定的科学性和预算执行的积极性
其他保障	包括高层领导的支持、各执行单位的支持以及相关职能部门的协助等，这些保障对人力资源成本预算的实施都有不可忽视的作用

如何从人员招聘活动中节省人力资源成本

HR 在协助财务部控制企业的人力资源成本时，需要从自身工作的各个环节入手，比如招聘环节、培训环节或者人事管理环节等。其中在招聘环节，有足够的成本调节空间供 HR 实施成本控制。下面从三个角度进行详述。

（1）组织开展高效的招聘活动

高效的招聘活动不仅能缩短招聘工作所耗费的时间，从时间成本上控制人力资源成本；而且还能提高招聘的效率，从"质"的方面降低人力资源成本的单位成本，或者说是降低招聘活动的边际成本。

由于公司的运营离不开"人"这一要素，因此不可能完全"砍掉"人力资源成本，只能有效控制。尤其是对中小型公司来说，资本有限，更要重视招聘工作的有效性,使招聘过程中的人力资源成本尽可能获取更多的产出,比如精准地找到了公司想要的人才,或者短时间内就招满所需的人才等。

在了解方法前,先来认识高效招聘活动的衡量标准,见表6-6。

表6-6 高效招聘活动的衡量标准

条目	标准
1	看组织实施的招聘工作能否及时招揽到公司需要的人才
2	看能否以最少的成本投入招聘到数量、质量都达标的人才
3	看所录用的人员是否与公司的预想一致,是否适合公司的发展,是否符合岗位职责要求
4	看不稳定期内(通常时新员工进入公司后的前6个月)的离职率

那么,如何才能使企业的招聘活动高效完成呢?

◆ 事前做好人力资源需求规划

人力资源需求规划相当于招聘工作的指导文件,后续的招聘工作皆按照规划执行。规划的内容大致包括人力资源战略发展规划、企业人事规划、人力资源管理费用预算、人力资源管理制度建设和人力资源开发规划等。简单地说,人力资源需求规划就是制定企业人员的具体配备计划、人员补充计划以及人员晋升计划。

◆ 事前明确招聘的目标

实践证明,在招聘目标不明确的情况下进行的招聘工作,招聘到的员工的稳定性较差,不仅浪费了招聘成本,更会浪费接下来的新员工入职培训成本,这与控制企业的人力资源成本是背道而驰的。因此,事前明确招聘目标是非常重要的。

有了招聘目标,人力资源部以及HR在招聘工作中就会清楚地了解企业内部各个岗位需要什么样的人才,这样有利于快速且精准地招聘到所需的员工，使招聘成本发挥应有的作用，同时为接下来的培训工作提供顺利完成的保障。

◆ 选用合适的招聘渠道

招聘渠道的选择直接影响招聘活动的效率。在我国，大多数公司常用的招聘渠道有网络招聘、现场招聘、员工推荐、内部调动和人才中介机构推送等。而招聘活动的效率又会影响人力资源成本的投入量，因此，要想控制招聘活动的费用开支，就要选用合适、合理的招聘渠道。表6-7所示是招聘渠道的实施效果和成本对比情况。

表6-7 各类招聘渠道的实施效果和成本对比

渠　道	效　果	成　本
网络招聘	该渠道没有地域限制，受众面广，覆盖范围大，且时效长，可在短时间内获取大量的应聘者信息，公司可通过自家企业网站发布招聘信息，也可与专业的招聘网站合作发布招聘信息。但是，该渠道中充斥着很多虚假信息和无用信息，对公司进行简历筛选有着很高的要求	成本较低，是很多中小型公司常用的招聘渠道
现场招聘	一般指公司通过招聘会或人才市场进行招聘，是一种比较正规的招聘渠道。该渠道不仅可以节省公司进行初次筛选简历的时间成本，还可使招聘工作更有针对性，招聘效果较好。但是，该渠道存在局限性，比较突出的就是地域局限，而且招聘工作的效率较低	成本比网络招聘高，是很多大中型公司比较常用的招聘渠道
员工推荐	指公司通过内部在岗员工推荐其亲朋好友应聘相应职位的招聘方式。该渠道最大的优点是公司与应聘者双方掌握的信息比较对称，可节省公司考察应聘者信息真实性的成本，效果好且质量高。但是容易在公司内部形成小团体，不利于公司的组织结构管理	成本或高或低，主要取决于公司是否给推荐人奖金和奖金的高低

续表

渠道	效果	成本
内部调动	指公司将内部的空缺职位向在岗员工公布，并鼓励员工竞争上岗。该渠道可在内部员工之间增强人员流动性，同时员工可以快速适应新岗位的工作，为公司节省大量的培训成本，同时提高员工的黏性，留住人才。但是该渠道容易使员工工作缺少活力，因为他们在公司内部工作已经形成了一定的思维惯性，对工作的创新有一定的不良影响	成本较低，主要涉及公司内部员工之间的调剂和晋升工作带来的资源耗费，大中型公司比较常用
人才中介机构推送	人才中介机构一方面为公司寻找人才，另一方面为应聘者找到合适的雇主或用人单位，如中低端的人才中介公司和针对高端人才的猎头公司。该渠道对公司来说最便捷，只需把招聘要求向人才中介机构说明，最后支付一定的劳务费用获得机构推荐的人才即可。但是这样一来公司就无法实时监控招聘工作的进度，因此招聘效率并不高	成本相对较高，尤其是与猎头公司合作，其收取的费用会比一般的人才中介公司高很多。中小型公司一般选用常见的人才中介公司，大型公司或集团公司一般选择猎头公司

◆ 提升招聘人员的综合素质

要提高招聘活动的效率，不仅要从招聘活动本身来达到，还要从招聘人员方面采取措施，那就是要提高招聘人员的综合素质。招聘人员的综合素质在招聘活动中直接体现了企业的形象，而这是影响应聘者直观感受企业的一大重要因素。招聘人员综合素质越高，越能吸引人才。那么如何提升招聘人员的综合素质呢？具体可从如下三个方面入手解决。

● 从外在穿着、行为和言语等方面进行规范。

公司应对招聘人员的着装、言行等进行规范，着装要干净、整洁，有条件的，可要求招聘人员着职业装；行为要得体，言语要委婉礼貌，要能尊重每一位应聘者。人力资源部在派遣 HR 负责招聘工作时，要尽量选择面容看起来和蔼可亲、性格温和的人。

- 从内部的专业知识和职业技能等方面提升职业素养。

作为招聘人员，要具备过硬的专业知识，要掌握更多的职业技能和高效招聘方法，要有强大的人际交往能力和沟通协作能力。这样才能快速了解各部门各岗位的职责要求和工作状态，便于及时回答应聘者的相关提问；同时也便于与其他职能部门进行及时的人员选拔工作的沟通交流。

- 从内在心态方面提升综合素质。

招聘人员除了要注重穿着、言语、行为以及专业知识和职业技能的培养，还需要有专业的职业心态，不将个人情绪代入工作中，不会在应聘者面前胆怯，要以积极主动、不卑不亢的态度对待应聘者，让应聘者感觉亲切的同时又不失尊敬。否则，态度过于弱势，会让应聘者过度自信，提出一些无理要求或标准；态度过于强硬，会让应聘者害怕、生畏，导致其望而却步，使企业面临失去人才的风险。

（2）为企业找准对的人

由于提高招聘活动的效率并不代表一定能为企业找到合适的员工，因此，要想从本质上给企业减少人力资源成本，就得从员工的能力入手。员工能力强，企业就可以花较少的时间、精力和物力对其进行培训，也就是可以降低培训成本和使用成本。否则，招聘一些能力或素质都与岗位不匹配的人，很快就会面临员工辞职的问题，这时就会产生离职成本或遣散成本，对降低人力资源成本不利。

在本书的第 2 章已经介绍过 HR 应了解企业需要什么样的财会人员，这里我们主要简单了解企业内部其他重要岗的大致工作职责，帮助 HR 为企业找准对的人，如表 6-8 所示。

表 6-8　常见重要职的工作职责

职　位	工作职责
总经理	1. 负责公司日常业务的经营管理，经董事会授权，对外签订合同并处理业务 2. 组织经营管理团队，提出任免副总经理、总会计师、总工程师以及部门经理等高级职员的人选，并报董事会批准 3. 定期向董事会报告业务情况，并提交年度报告和各种报表、计划与方案，包括经营计划、利润分配方案和弥补亏损方案等 4. 提出解雇某些高级职员的意见，报董事会批准
部门经理	负责自己部门内部的整体业绩，如财务部经理负责财务部门的所有财务工作的领导与工作情况的审核、监督；人力资源部经理负责本部门的所有招聘、人事管理等工作的领导、审查和监督等
HR	HR 是一个公司里面最常见的行政管理岗位，主要负责公司员工的招聘、培训、职工的业绩考核、薪酬核算以及岗位调动等工作
销售人员	1. 负责公司经营产品的市场渠道的开拓以及销售工作，执行并完成公司制定的产品年度销售计划 2. 全面掌握市场的变化以及竞争对手的经营状况，了解客户群体在地理位置和年龄段上的分布情况，时刻关注市场供求关系的变化。同时根据公司的市场营销战略，积极达到销售量指标，扩大产品的市场占有率 3. 与客户之间建立良好的沟通关系，更好地掌握客户的实际需求 4. 根据公司产品、价格和市场策略，独立处理询盘、报价、约定合同条款以及签订合同等事宜，并在执行合同的过程中协调和监督公司各职能部门的行事做法
生产一线员工	主要是在生产性企业中才会有的一类员工，主要职责是根据公司的产品生产或销售需求，及时且保质保量地生产产品，完成生产任务。这类员工几乎不涉及公司其他管理方面的工作，可理解为"一门心思搞生产"
行政管理类岗位	1. 协助行政部经理完成公司行政事务，组织与管理日常行政工作 2. 协助上级执行行政、总务和安全管理工作的发展规划和工作计划 3 协助行政部经理审核并修订管理规章制度。 4. 协助高级管理人员进行内务处理和财产物资安全管理，为其他部门提供及时有效的行政辅助服务。 5. 协助承办公司相关的法律事务，参与公司绩效管理、考勤和行政办公用品采购等工作

有些企业为了方便 HR 顺利且高效地完成招聘工作，还会自行编制职位说明书，格式由本企业确定即可。大致上包括的内容有三大方面。

- ◆ 职务识别：对公司各岗位或职务的头衔、岗位所在部门以及岗位的直属上级是谁等进行详细说明。
- ◆ 岗位描述：对每一个岗位应完成的工作、任务以及需要承担的责任等进行说明，展示岗位本身的特点以及工作环境的情况。
- ◆ 任职要求：说明岗位所需的人才应具备的特点、能力、经验以及学历教育水平等条件。

（3）结合使用内部人才提拔和外部聘用的招聘方式

如果企业只依靠从外部招聘人才为公司的经营管理出力，则会显得引进人才的手法过于单一，不利于 HR 提高招聘工作的效率，可能使招聘耗费的资源"打水漂"，变相增加人力资源成本。因此，在控制人力资源成本的要求下，公司需要同时进行内部人才提拔和外部聘用人才。

为什么说内部人才提拔和外部聘用结合使用就对控制人力资源成本有帮助呢？因为两者结合可扬长避短，具体表现见表6-9。

表6-9　内部人才选拔和外部聘用结合的优势

条　目	优势说明
1	内部选拔出的人才，对公司本身就有一定的了解，在新岗位上的磨合期就会比较短，可为公司节省职位空缺成本和培训成本
2	内部选拔人才可有效弥补外部聘用的缺点，如风险大、费用高、时间周期长和执行流程烦琐等
3	外部聘用为公司引进新的人才，注入新鲜活力，产生新观点、新思路和新方法，保持公司员工的活力，这是内部选拔人才所不能实现的
4	通过内部选拔，可维系并巩固公司已有的良好客户关系，为公司节省客户开发成本

续表

条 目	优势说明
5	外部聘用也可弥补内部选拔人才的缺点，比如企业内部关系户提拔导致最终选拔的人不适合岗位、公司内部员工思维陈旧、精神面貌和工作状态趋于保守以及越来越多的"小团体"形成等
6	外部聘用可在无形之中给原有的在岗员工施加压力，形成危机感，激发他们的工作斗志和潜能，提高员工的工作效率和效益，使企业的人力资源成本达到投入尽可能少、产出尽可能多的状态
7	内部聘用本身也能有效激励原在岗职工的工作积极性，使员工在企业内部形成良性竞争，为企业节省激励成本
8	外聘聘用的选择范围大，可以聘用到一些公司缺乏的、渴求的复合型人才和全面发展的人才，节省高级类培训活动的成本

内部人才提拔和外部聘用人才要达到平衡，人力资源成本的控制才会有效，相关的考量有两个大方向。

◆ 需要的能力容易度量或衡量的工作岗位，如会计人员、工程师等，采用外部聘用的方式更有效。因为这类工作岗位需要工作者有各自较强的工作能力，且大多数时候都需要有相关的资格证书才能上岗。如果采用内部提拔，能够选择的范围也就在同岗位的其他人之间，实际上没有什么区别。

◆ 一些很难用专业资格证书表明，或者很难明显地衡量工作能力的工作岗位，如行政管理、仓库管理等，可选择采用内部提拔。基本上大多数员工都能很快上手，入门较简单。

综上，从招聘活动中节省人力资源成本必须有目的、有计划地进行，盲目地采取措施，很可能得不偿失，不仅无法降低成本，反而会使成本增加。节省成本的措施要从各方面综合考量，因为有些措施的实施，在减少某一项成本的同时，可能会增加另一项成本，只有综合考量，选择出总成本较低的方案实施。

如何使培训费支出发挥最大作用

人要进步,就得不断学习,公司也一样,要想持续发展,知识、技术必须要更新,内部员工的技能、工作能力也要不断提升。因此,为了发展需要,很多公司都会定期或不定期地为员工们组织安排一些培训活动。

而在培训活动中,必然会涉及费用开支,这是避免不了的。但我们可以做的是,使培训费支出尽可能地发挥其最大作用。那么怎么做才能达到这样的效果呢?可以总结这么几个关键点:明确培训目的、细化培训需求、确定培训方式、锁定受训人群、敲定培训主题、甄选合格讲师、巩固培训内容以及提升培训效能。针对这些关键点,具体的操作如表6-10所示。

表6-10 使培训费支出发挥大作用的关键点

关键点	操作
明确培训目的	培训目的就是企业通过培训活动想要达到的效果或目标。明确培训目的,可使企业组织安排的培训活动更有目的性和目标性,防止培训活动与企业经营发展的需求不符,导致培训费支出没有用在刀刃上
细化培训需求	培训需求就是企业组织安排的培训活动需要哪些人力、物力和财力。细化培训需求可使企业在培训活动的组织安排上更有条不紊,避免出现准备的东西不能用、需要的东西没有准备的情况,从而产生一些不必要的开支
确定培训方式	培训方式就是企业以什么方式、手法或形式开展培训活动或培训课程。确定培训方式可避免企业在培训活动中走弯路,选择合适的培训方式可提高培训活动的效果,提高培训费开支的利用率。对企业来说,尽可能组织无纸化培训活动,这样能节省一大笔纸质材料的费用开支;也可以建立内部兼职讲师团队,生成内训资源,充分利用企业本身拥有的人力资源
锁定受训人群	不同岗位的员工所需的知识和能力技术是不同的,因此锁定当次培训活动的受训人群,不仅可提高培训质量,还能避免培训开支的浪费

续表

关键点	操作
敲定培训主题	培训的主题就是培训活动的主要培训内容。敲定培训主题也就决定了受训人群，也是提高培训质量的一项重要工作，一次主题不明确的培训活动或培训课程，不仅会降低培训的质量，还会使企业付出不必要的培训费开支，有害无利
甄选合格讲师	员工获取的培训知识是否符合当前工作岗位的需求，是否能快速学懂新知识，是否能将所学知识有效地运用到工作中去，这些都受到讲师的影响。讲师能力强，对国家新政策的追踪和理解都比较及时和到位，则其讲解的内容一般就能适应当下市场需求，对员工来说在工作中的实用性就会更强，培训效果也就越好；反之，如果讲师本身信息滞后，能力不足，培训的内容大多都是本企业员工都已知晓的，则此次培训开支相当于浪费了
巩固培训内容	知识的掌握需要不断地巩固，加深印象，企业提供给员工的培训内容也是如此。培训活动结束后，员工如果不及时巩固培训内容，时间长了，培训的知识也会被遗忘，则培训的目的就没有达到，培训费开支也就没有发挥其应有的作用。所以培训活动结束后的内容知识巩固是必要的，员工只有掌握了培训内容，才能对工作有帮助，才能使培训费支出有意义
提升培训效能	培训效能可简单理解为培训效益，也就是企业组织培训活动所能获得的效益。要让培训费支出发挥出最大作用，就得提升培训效能。效能高，说明培训费支出用在了该用的地方；效能低，说明培训费支出被利用的效率较低，投入的成本没有获得预期的效益。如果提升培训效能呢？很显然，就是让员工在自己的工作岗位上，利用培训的内容达到的工作绩效，实际上员工是否是因为培训内容而提高的工作绩效，很难判断，但只要员工的工作绩效在不断提升，就能说明培训有了效果，培训的效能得到了提升

在培训活动中，HR要做的就是保证培训活动顺利开展，保证活动中的纪律，保证培训活动的质量，尽力做到无需求的不瞎掺和、受训的人有收获、有需要的尽量满足、没必要的不开支。

除此以外，组织安排培训活动的HR还要保留好各种费用票据，及时将票据递交给公司财务部，由相关财会人员据以做账，及时核算出培训成本，有利于调整培训活动的实施方案。

员工考勤如何影响人力资源成本

通过本书第 2 章的学习可知，员工工资的组成中通常有一项"全勤奖"，并且发生迟到、早退或请假等情况的员工，还会受到从其工资总额中扣除一定金额的处罚，这些直接影响着个人的实际工资收入，而对企业来说，就影响着人力资源成本。

（1）发放全勤奖时会增加人力资源成本

对于当月全勤的员工，企业为了鼓励员工继续保持，一般会向员工发放全勤奖。对企业来说，在基本工资或标准工资以外还另外向员工支付了钱款，人力资源成本增加。

在会计核算方面，企业向员工发放的全勤奖要计入工资中，通过"应付职工薪酬——工资、奖金、津贴和补贴"科目进行核算。

HR 要明确的是，这时增加的人力资源成本是必需的，它可以激励员工全身心地投入到工作中，可以提高工作量，对企业实现生产计划、销售计划以及开展管理工作等有积极作用。

但是，要想这部分增加的人力资源成本不浪费，就要严格管理员工的考勤工作，防止员工蓄意骗取全勤奖，不仅影响企业生产计划、销售计划的实现，还会使全勤奖失去其存在的意义，使企业浪费人力资源和成本投入。

比较有效的措施就是建立健全员工考勤制度，HR 严格按照考勤制度的规定记录员工的考勤数据，并根据考勤数据核算员工的全勤奖以及应扣的罚款等，以考勤制度督促员工的工作，使人力资源成本不被浪费。如图 6-2 所示的是某公司制定的比较简单的考勤制度。

公司员工考勤制度

第一章　总则

第一条　考勤制度是为维护单位的正常工作秩序，提高办事效率，严肃纪律，使员工自觉遵守工作时间和劳动纪律。

第二条　公司考勤的根本目的不是为了罚款扣钱，真正的目的是提高企业员工工作的自觉性，进而提高工作效率，提高公司的经济效益，为员工创造更加有前景的发展空间，使所有员工能够处在一种公正、公平的环境下工作。

第三条　考勤的三要素是：时间、地点与责任。员工来上班是来履行责任。考勤不仅证明员工在岗，也证明他在履行责任。有一种观点认为：若依考勤制度严格要求，会影响员工的工作主动性与积极性。这是错误的观点。主动性和积极性强的员工，对时间管理的观念也是非常强的。企业的考勤制度对于他们只是勤的底线，只有那些平常对工作缺乏主动性与积极性的员工需要考勤制度来约束。

第四条　适用范围

本制度适用于公司各部门全体员工。

第五条　职责

1.员工个人附有据实申请，填报各种事由的责任；

2.部门经理负责监督、审核本部门员工的出勤情况。

第二章　考勤管理规定

第六条　作息时间

1.公司实行每周 6 天工作制，上午 8:00 ——12:00，下午 13:30——17:30。

2.在公司办公室以外的工作场所：工作人员必须在约定时间的前 5 分钟到达指定地点，招集人必须提前 15 分钟到达指定地点。

第七条　违纪界定

员工违纪分为：迟到、早退、旷工、脱岗、睡岗和串岗等 6 种，管理程序下：

1.迟到：指未按规定达到工作岗位（或作业地点）；迟到 5 分钟至 30 分钟以内的，每次扣 10 元；迟到 30 分钟以上的扣半天基本工资；迟到一小时的扣全天工资。

2.早退：指提前离开工作岗位下班；早退 3 分钟以内，每次扣罚 10 元；30 分钟以上按旷工半天处理。

3.旷工：指未经同意或按规定程序办理请假手续而未正常上班的；旷工半天扣 1 天工资，旷工一天扣罚 2 天工资；一月内连续旷工 3 天或累计旷工 5 天的，作自动解除合同处理；全年累计旷工 7 天的作开除处理。

4.脱岗：指员工在上班期间未履行任何手续擅自离开工作岗位的，脱岗一次罚款 20 元。

5.睡岗：指员工在上班期间打瞌睡的，睡岗一次罚款 15 元；造成重大损失的，由责任人自行承担。

6.串岗：工作时间禁止打牌、下棋、串岗聊天等做与工作无关的事情。一次扣除 15 元。

第八条　请假制度

1.假别分为：病假、事假、婚假、产假、年假、工伤假、丧假等七种。凡发生以上假者取消当月全勤奖。

2.病假：指员工生病必须进行治疗而请的假别；病假必须持县级以上医院证明，无有效证明的，按旷工处理；出具虚假证明加倍处罚；病假每月 2 日内，扣除 50%的基本日工资；超过 2 天，按事假扣薪。（病假需要提前或者在上班后半个小时以内请假，否则视为旷工）

3.事假：指员工因事必须亲自办理而请的假别；但全年事假累计不得超过 30 天，超过天数按旷工处理；事假按实际天数扣罚日薪。（事假至少提前 3 天以上请，否则不准假！）

4.婚假：指员工达到法定结婚年龄并办理结婚证明而请的假。

5.年假：指员工在公司工作满一年后可享受 3 天带薪休假，可逐年递增，但最多不得超过 7 天，特殊情况根据工作能力决定；年假必须提前 1 个月申报使用。凡有下列情形之一者，不享受当年休假。

（1）已提出辞职申请的。

（2）当年病事假累计超过 20 天的。

（3）当年有严重违纪行为被辞退，解除劳动合同的。

6.工伤假：按国家相关法律法规执行。

7.丧假：指员工父母、配偶父母、配偶、子女等因病伤亡而请的假别；丧假期间工资照发，准假天数如下：

（1）父母或配偶父母伤亡给假 7 天。

（2）配偶或子女伤亡给假 10 天。

第九条　批假权限

1.病事假：1 天以内由部门负责人批准；两天或两天以上由总经理批准。请假手续送行政部的行政管理员处备案。

2.其他假别由部门负责人签署意见后交由总经理审批，并送行政部行政管理员处备案。

3.所有假别都必须由本人书面填写请假单，并按规定程序履行签字手续后方为有效假别；特殊情况必须来电、函请示，并于事后一日内补办手续方为有效假别；未按规定执行一律视为旷工。

第十条　考勤登记

1.公司实行每日打卡制度，员工每天上班、下班需打卡（共计每日 4 次）。

2.打卡必须由本人操作，不允许代打卡或不打卡。代人打卡者，首次扣罚当事人 50 元，再次加倍。

3.未打卡员工，如未经登记、同时也未经部门相关领导签字确认的情况，按旷工处理。

第十一条　外出

1.员工上班直接在外公干的，返回公司时必须进行登记，并交由部门经理签字确认；上班后外出公干的，外出前先由部门经理签字同意后方可外出。如没有得到部门经理确认私自外出的，视为旷工。

2.员工未请假即不到岗或虽已事先知会公司但事后不按规定补办请假手续的视为旷工。

第十二条　加班

1.公司要求员工在正常工作时间内努力工作，提高工作效率，按时完成规定的任务，不提倡加班。特殊情况非加班不可的，必须填写《加班审批表》，部门经理签字后报公司分管领导批准。未经批准，公司一律不予承认加班。

2.经过批准的加班，公司办公室按月进行统计结算。所有加班首先必须抵冲病、事假，有一天抵冲一天，多余部分由公司发给加班工资，不作调休处理。

3.行政部对每月的考勤进行统计，统计表由经理签字后交财务部计发工资。

第十三条　出差

1.员工出差，应事先填写《出差申请表》，由总经理批准；总经理出差时应知会办公室，以便联络。《出差申请表》交行政部备查。

第十四条　其他事项

1.考勤统计

公司以月为单位计算考勤，考勤周期为上月 1 日至当月 30 或 31 日（遇节假日提前）。人力资源部于每月 30 或 31 日将考勤卡收回进行统计，并将统计结果报相关领导签字确认。

2.员工因违纪的扣款，统一由公司办公室管理，作为员工集体活动的补充费用。

3.本制度自公司公布之日起执行。

图 6-2　员工考勤制度

（2）员工迟到、早退或请假时会减少人力资源成本

对于当月发生了迟到、早退或请假等状况的员工，企业为了规范员工的行为，同时让其他员工引以为戒，会适当地给予相应的处罚，一般形式都是罚款。罚款对于员工个人来说，拿到手的工资就减少了；对企业来说，人力资源成本也相应减少。

在会计核算方面，企业对员工罚款，获取的收入计入营业外收入中，通过“营业外收入——罚没收入”科目进行核算。

但 HR 要明白，这一举措的主要目的并不是获取员工的罚款收入，主要目的是规范员工的行为，促使员工减少甚至规避迟到、早退或请假的情形，

保证企业正常的生产、销售和管理工作的开展。

不同的公司，可根据自身发展情况制定具体的迟到、早退和请假的扣罚款规定，要科学、合理。如果过于严苛，很可能丢失员工对公司的好感，引发员工离职潮，给公司带来巨大的离职成本和职位空缺成本，效果适得其反；如果过于宽松，会起不到约束员工行为的作用，人力资源成本的控制得不到保障。图 6-3 所示是常见的员工考勤表。

员工考勤表

公司名称：　　　　　　　　考勤时间：

序号	姓名	时间	1	2	3	4	5	6	7	8	9	10	11	12	13	14	15	16	17	18	19	20	21	22	23	24	25	26	27	28	29	30	31	出勤	员工确认
		星期																																	
1		上午																																	
		下午																																	
2		上午																																	
		下午																																	
3		上午																																	
		下午																																	
4		上午																																	
		下午																																	
5		上午																																	
		下午																																	
6		上午																																	
		下午																																	
7		上午																																	
		下午																																	
8		上午																																	
		下午																																	
9		上午																																	
		下午																																	
10		上午																																	
		下午																																	

图 6-3　员工考勤表

HR 管理好员工考勤工作，对企业控制人力资源成本有非常明显的作用，同时还能规范并适当约束员工的不良行为，为员工创造一个积极进取的工作环境。

怎么核算员工出差发生的费用

要知道，企业员工出差发生的费用开支，需要通过财务工作做好记录，这一点相信很多 HR 都知道。但是 HR 不知道的是，虽然出差发生的费用统一称为差旅费，但不同岗位的员工，出差期间发生的费用会计入不同的费用中进行核算，具体的划分思路与员工的工资归集思路类似。

（1）生产车间管理人员的出差费用

在生产经营活动中，生产车间管理人员也需要与时俱进，学习一些先进的生产技术或者车间管理方法，然后指导企业的生产工人利用新技术提高生产效益。这时，生产车间管理人员可能就需要出差学习，出差期间必然会发生一些费用开支。

生产车间管理人员发生的出差费用，一般不计入制造费用，而是计入管理费用，通过"管理费用——差旅费"科目进行核算。这一处理方式与员工的工资处理方式有所不同，因为生产车间管理人员的工资计入制造费用，通过"制造费用——工资"科目核算，有时还省略"工资"这一明细科目。

（2）财务人员和行政管理人员的出差费用

财务人员和行政管理人员因为业务需要，有时也会出差办公。比如集团总部的财会人员到外地的分公司进行财务工作的考察和审核，管理人员出差参与会议等。这些工作和活动也会涉及员工差旅费开支。

财务人员和行政管理人员发生的出差费用，一般计入管理费用，通过"管理费用——差旅费"科目进行核算。这一处理方式与其工资的处理方式相同，财务人员和行政管理人员的工资也计入管理费用，通过"管理费用——工资"科目核算，有时也会省略"工资"这一明细科目。

（3）销售人员的出差费用

无论是生产性企业还是商品流通企业，销售人员出差是再正常不过的了，因为销售人员的日常工作内容中有一项就是开拓市场。而开拓市场必然需要东奔西走，距离较远的就是出市，甚至出省，这样一来必然会在出差过程中发生差旅费支出，如车费、机票费、住宿费以及餐饮费等。

销售人员发生的出差费用，一般计入销售费用，通过"销售费用——差旅费"科目进行核算。这一处理方式也与工资的处理方式一致，销售人员的工资也计入销售费用，通过"销售费用——工资"科目核算，也可省略"工资"这一明细科目。

员工出差发生差旅费支出，需要保留相应的费用票据，方便出差后回公司进行款项报销。具体的报销工作已在本书第4章做了比较详细的介绍，这里不再详述。

HR需要了解的是，当员工发生差旅费支出时，在相应费用科目的借方登记实际发生的差旅费金额。

员工辞职与被辞退的会计核算一样吗

要了解员工辞职与被辞退的会计核算是否一样，首先要从概念上弄清楚员工辞职与被辞退的区别。

员工辞职指劳动者向用人单位提出解除劳动合同或劳动关系的行为，是员工自己的主动行为。实务中主要有三种情形是员工主动辞职，如表 6-11 所示。

表 6-11　员工主动辞职的三种情形

辞职类型	适用情形
依法立即解除劳动关系	用人单位对员工有暴力或威胁行为，强迫其劳动、不按合同约定支付工资等，员工可随时向用人单位提出解除劳动合同的要求
根据员工自己的选择而辞职	用人单位和员工双方都没有过错或责任，员工需提前 30 天以书面形式通知用人单位解除劳动合同
员工向企业提出辞职申请	用人单位和员工双方都没有过错或责任，员工向用人单位提出辞职申请，双方协商一致解除合同

而员工被辞退是用人单位解雇员工的一种行为，指用人单位由于某种或某些原因与员工解除劳动关系的一种强制措施。根据原因的不同，这类辞退分为违纪辞退和正常辞退，相关说明如表 6-12 所示。

表 6-12　员工被辞退的类型

类　　型	说　　明
违纪辞退	指用人单位对严重违反劳动纪律或企业内部规章，但未达到被开除或除名程度的员工，依法强行解除劳动关系的一种行政处理措施
正常辞退	指用人单位根据生产经营状况和职工情况，依据改革过程中国家和地方有关转换企业经营机制，安置富余人员的政策规定，解除与员工的劳动关系的一种措施

一般来说，员工自动辞职与被辞退的最显著区别是，员工自动辞职不享受经济赔偿待遇（因为企业方过错而提出辞职的除外），而被辞退的员工会享受经济赔偿待遇（违纪辞退的除外）。

在会计核算方面，员工自行辞职和被辞退的处理确实有所不同。具体表现如下所示。

会计核算时，员工正常自动辞职的，其工资的核算按照正常的员工工资核算处理，因为不存在其他经济补偿。只需要 HR 协助财务部门在员工离职前结清所有工资、做好相关工资账务即可。除此以外，HR 要在得知员工提出辞职申请后，开始与相关部门沟通，准备岗位补缺事宜，着手开展招聘工作，减少岗位空缺成本。

但是，如果员工因为公司有过错而提出辞职，此时会涉及经济补偿，公司给予员工经济补偿时，要将实际补偿金额通过"应付职工薪酬"科目进行核算，必要时通过"应付职工薪酬——辞退福利"科目进行明细核算。

对于员工被辞退的情况，如果是因为员工存在过失而被辞退，则不存在经济赔偿，有些企业甚至会从员工处收取赔偿款。此时需要通过"营业外收入"科目进行核算。不需要员工赔偿的，企业财会人员只需按照正常的离职手续办理离职，并做好账目的记录即可。

但如果是因为企业自身经营状况不好而辞退员工，员工没有过错，此时被辞退的员工就会获得企业支付的经济补偿，账务处理与员工因为企业过错而提出辞职的处理是相同的。

由此可见，员工辞职和被辞退要分情况处理，站在这一角度上看，两者的会计核算是不同的；但员工辞职和被辞退因为是否有经济补偿而做出不同的会计核算，具体的账务处理是相似的。

> **知识延伸 | 自动离职 ≠ 辞职**
>
> 自动离职指员工根据企业和自身情况擅自离职，是强行解除与企业的劳动关系的一种行为。通俗地说，自动离职就是劳动者不向用人单位打招呼，随意脱离所在工作岗位和所在单位的行为，是职工的擅自离职行为，与员工自动辞职不是同一概念。企业因为员工自动离职而遭受损失的，有权要求员工给予赔偿或交付违约金。

要知道企业所得税是怎么一回事

企业所得税是对我国境内的企业和其他取得收入的组织的生产经营所得和其他所得征收的一种所得税。企业所得税的计缴与企业的收入和成本等有着密切的关系，人力资源成本必然也在其中，因此，HR 有必要了解什么是企业所得税，以及企业所得税的一些重点内容。

（1）纳税义务人

纳税义务人就是承担缴纳税款义务的单位或个人。企业所得税的纳税义务人是在中华人民共和国境内的企业和其他取得收入的组织，具体包括各类企业、事业单位、社会团体、民办非企业单位和从事经营活动的其他组织。

注意，个人独资企业和合伙企业不属于企业所得税的纳税义务人。个人独资企业是一人投资经营的企业，应按照法律法规的规定，由投资者个人缴纳个人所得税；合伙企业则是由各个合伙人订立合伙协议，共同出资、共同经营、共享收益、共担风险，一般无法人资格，不需要缴纳企业所得税，各合伙人个人分别缴纳个人所得税。

（2）征税对象

企业所得税的征税对象是纳税义务人获取的生产经营所得和其他所得。不同性质的企业，其征税对象的范围是不同的，主要分为三大类。

- ◆ 居民企业：应就其来源中国境内、境外的所得缴纳企业所得税。
- ◆ 非居民企业在中国境内设立机构、场所的：应就其所设机构、场所取得的来源中国境内的所得，以及发生在中国境外但与其所设机构、场所有实际联系的所得，缴纳企业所得税。
- 非居民企业在中国境内未设立机构、场所的，或虽设立机构、场所但取得的所得与其所设机构、场所没有实际联系的：应就其来源于中国境内的所得缴纳企业所得税。

那么，这三大类征税对象中所说的"来源中国境内、境外的所得"具体指哪些收入呢？企业所得税的征税范围如表6-13所示。

表6-13 企业所得税的征税范围

范围	解释
销售货物收入	指企业销售商品、产品、原材料、包装物、低值易耗品和其他存货取得的收入
提供劳务收入	指企业从事建筑安装、修理修配、交通运输、仓储租赁、金融保险、咨询经纪、技术服务以及中介代理等劳务服务活动取得的收入
转让财产收入	指企业转让固定资产、生物资产、无形资产、股权和债权等财产取得的收入
股息、红利等权益性投资收益	指企业因权益性投资从被投资方处取得的收入
利息收入	指企业将资金提供他人使用但不构成权益性投资，或者因他人占用本企业资金等取得的收入
租金收入	指企业提供固定资产、包装物或其他有形资产的使用权取得的收入
特许权使用费收入	指企业提供专利权、非专利技术、商标权、著作权以及其他特许权的使用权取得的收入
接受捐赠收入	指企业接受的来自其他企业、组织或者个人无偿给予的货币性资产和非货币性资产
其他收入	指企业取得《中华人民共和国企业所得税法》具体列举的收入外的其他收入，如企业资产溢余收入、逾期未退包装物押金收入、确实无法偿付的应付款项、已做坏账损失处理后又收回的应收款项、补贴收入以及汇兑收益等

在计缴企业所得税时，并不是直接利用这些收入的总额计算，还要扣除符合规定的成本、费用、损失和税金等，这就与人力资源成本有着莫大关系了。

(3) 税前扣除项目

企业实际发生的与取得收入有关的、合理的支出，包括成本、费用、税金、损失和其他支出，准予在计算企业所得税应纳税所得额时扣除。除另有规定外，企业实际发生的成本、费用、税金、损失和其他支出不得重复扣除。详细内容如表6-14所示。

表6-14　企业所得税的税前扣除项目

项　目	解　释
成本	指企业在生产经营活动中发生的销售成本、销货成本、业务支出和其他耗费，如企业销售商品、提供劳务和转让固定资产、无形资产等发生的成本
费用	指企业在生产经营活动中发生的销售费用、管理费用和财务费用，已经计入有关成本的费用除外
税金	指企业发生的除企业所得税和允许抵扣的增值税以外的各项税金及其附加，如纳税人按规定缴纳的消费税、关税、城市维护建设税、教育费附加、城镇土地使用税、土地增值税、印花税和车船税等，不包括增值税
损失	指企业在生产经营活动中发生的固定资产和存货的盘亏、毁损和报废等损失，转让财产损失，坏账损失和其他损失
其他支出	指除成本、费用、税金和损失外，企业在生产经营活动中发生的与生产经营活动有关的、合理的支出

人力资源成本多数对应的是表6-14所示的税前扣除项目的费用和税金，这一点HR要明白。

(4) 特殊项目的扣除标准

在计缴企业所得税时，有一些成本、费用、税金和损失是可以据实扣除的，即发生多少就扣除多少；但有一些成本、费用、税金和损失要按照规定的扣除标准进行扣除，这些项目除了有本书前面章节提到过的职工福利费、职工教育经费和业务招待费外，还有工会经费、公益性捐赠和广告宣传费等。

内容如下所示。

- 工会经费：企业拨缴的工会经费，不超过工资薪金总额2%的部分，准予扣除。

- 公益性捐赠：企业通过公益性社会组织或者县级（含县级）以上人民政府及其组成部门和直属机构，用于慈善活动、公益事业的捐赠支出，在年度利润总额12%以内的部分，准予扣除；超过年度利润总额12%的部分，准予结转以后3年内扣除。

- 广告宣传费：企业发生的符合条件的广告费和业务宣传费支出，除国务院财政、税务主管部门另有规定外，不超过当年销售（营业）收入15%的部分，准予扣除；超过部分，准予在以后纳税年度结转扣除。如果是在企业的筹建期间发生，可按实际发生额计入企业筹办费，在税前扣除；从2016年1月1日—2020年12月31日，化妆品制造或销售、医药制造和饮料制造（不含酒类制造）企业发生的广告费和业务宣传费支出，不超过当年销售（营业）收入30%的部分，准予扣除，超过部分，准予在以后纳税年度结转扣除。

注意，烟草企业的烟草广告费和业务宣传费支出，一律不得在计算企业所得税的应纳税所得额时扣除。

上述这3个特殊项目的税前扣除标准，人力资源成本可能涉及的是"工会经费"。在会计核算时，实际发生多少就核算多少，按实际发生额记"应付职工薪酬——工会经费"科目。只不过在计算应缴纳的企业所得税时，这部分工会经费与其他工会经费一起，按照上述所说的扣除标准进行扣除，如果涉及税会差异，则要进行纳税调整。

由于人力资源成本的高低在一定程度上也影响着企业的经营利润，进而影响着企业所得税的缴纳，所以控制好人力资源成本对税负也有利。

怎么利用薪酬进行税务筹划

税务筹划是各企业财务部门的重点工作之一，指在税法规定的范围内，企业通过对经营、投资和理财等活动事先策划和安排，尽可能地获得节税收益。税务筹划的切入点很多，措施也很多，涉及人力资源成本的就是利用薪酬进行税务筹划。

成功的税务筹划可以降低企业的经营成本，减轻税收负担，扩大企业内需，促进企业发展，同时又使国家制定税收法规的意图得到实现。

HR需要做详细了解的是与薪酬有关的税务筹划，可以直接利用企业所得税的计缴规定或优惠政策等达到合理节税目的，也可以通过其他一些特殊的、合法的手段来完成税务筹划。

（1）利用税前扣除的相关政策

从上一节内容可知，企业在进行税收策划时可利用与薪酬有关的政策规定进行税务筹划，大致包括表6-15所示的三个方面。

表6-15 与薪酬相关的税务筹划切入点

切入点	政策规定
计税工资的扣除	企业发生的合理工资、薪金支出准予在税前据实扣除
职工福利费、工会经费和职工教育经费等按比例扣除	《中华人民共和国企业所得税法实施条例》规定了企业发生的职工福利费、工会经费和职工教育经费分别按照14%、2%和8%的比例在税前扣除，但超过这些比例的部分不予扣除（职工教育经费除外，超过工资薪金总额8%的部分，准予结转以后纳税年度扣除）

续表

切入点	政策规定
社保和住房公积金	企业依照国务院有关主管部门或省级人民政府规定的范围和标准为职工缴纳的社保费和住房公积金,可据实扣除;补充养老保险和补充医疗保险可按标准扣除;商业保险不得扣除

在计缴企业所得税时,按规定充分扣除这些项目金额,也是税务筹划的有效方法。

(2) 对高级管理人员的薪酬进行策划

大多数企业的高级管理人员的收入都比较高,企业可将这些人员的工资分为月工资和年终奖,准确使企业每个季度预缴企业所得税时都有较大的税前扣除额,减少应纳税所得额,减少企业所得税支出。

(3) 合理提高员工的薪酬待遇

由于企业向员工支付的合理工资可在计缴企业所得税时据实扣除,因此企业可在合理范围内提高员工的薪酬待遇,这样税前扣除的项目金额就会增加,在收入一定的情况下,应纳税所得额就会减少,应缴纳的企业所得税也就随之减少。但是该方法会增加企业的经营成本,从而会降低企业的经营利润,企业应综合考量各方面需求进行选择。

除了上述与薪酬相关的税务筹划切入点,还有一些其他措施。比如,对企业来说,只要属于企业所得税的纳税义务人,就要按照国家相关法律法规的规定进行纳税申报并缴纳税款。如果错过了税款缴纳期限,税务机关会向企业增收延迟纳税部分的税款滞纳金;如果被查出有偷逃税款的情况,还会被罚款。为了使企业避免出现这些情况而支出不必要的款项,企业应按时进行纳税申报和缴纳税款,且缴纳税款时一定要足额缴纳,这也是税务筹划的一个重要思路。

第 7 章

从财务的角度看人力资本投入

人力资本与物质资本相对，也称非物质资本，是体现在劳动者身上的资本，如劳动者的知识技能、文化技术水平和健康状况等。很显然，这些资本在会计核算上不能明确地计量，但确实在企业的经营活动中起着重要作用，且与人力资源管理有着莫大关系。因此，HR 要从财务角度理解人力资本投入。

人力资本的投入涉及哪些方面

人力资本的主要特点是其与人身自由联系在一起，不随产品的出售而转移，通过人力投资形成。人力资本属于"活资本"，它比物质、货币等硬资本具有更大的增值空间，具有创新性和创造性，有着有效配置资源、调整企业发展战略等市场应变能力。

对企业来说，人力资本的投入主要包括四个方面：用于教育的支出、用于卫生保健的支出、用于劳动力国内流动的支出和用于移民入境的支出。

（1）用于教育的支出

用于教育的支出在人力资本投入中是最重要的，教育支出又形成教育资本。企业通过教育，可以提高职工的劳动力质量、劳动者的工作能力和技术水平，从而提高劳动生产率。对企业来说，这一项人力资本投入在产出方面的效果体现最明显。

在 HR 的工作中，组织开展员工培训活动是一种典型的教育支出，即人力资本投入。通过培训活动，可以提高员工的知识水平，提升工作技能，从而提高各岗位员工的工作效率，使企业可以用尽可能少的资源投入获取更多的产出，企业的经营发展会越来越好。

（2）用于卫生保健的支出

用于卫生保健的支出也是针对"人身"而产生的，该部分支出投入到人身上，比较常见的就是企业为生产工人支付的劳动保护费，或者为生产工人配置劳动保护工具，以及为员工安排免费的健康检查等。

这一人力资本的投入，可以提高员工的身体素质，进而提高员工的劳动力水平，为企业的生产经营活动带来看得见的效益，如生产速度变快了、生产质量提高了以及生产事故减少了等。

在会计核算方面，企业生产部门发生的劳动保护费计入"制造费用"科目进行核算。由此看来，企业为其他部门的员工投入的劳动保护费计入相应的费用中，如管理费用、销售费用等。同理，发生的健康检查费用投入也根据部门的不同计入相应的费用科目。

（3）用于劳动力国内流动的支出

从字面上理解，用于劳动力国内流动的支出指企业将自己的员工在国内进行岗位调配所发生的支出。很多集团企业会为了对子公司或分公司实施更有效的控制或经营指导，而将母公司或总部的高水平人才派往子公司或分公司工作，以提高子公司或分公司的经营业绩，因此造成劳动力在国内流动。

在这样的过程中，企业必然需要在被派遣人员的身上投入人力、物力和财力，这些都属于人力资本投入。这些人力资本投入最终会实现子公司或分公司的业绩得到提升的效果，属于人力资本投入的"产出"。

很显然，这部分人力资本投入在财务方面用工资表现，会计核算时通过"应付职工薪酬"科目来完成。

（4）用于移民入境的支出

从概念上看，移民入境支出是对移民入境国的人力投资，用于国际间人力流动的投资。当移民入境支出小于移民培养费用时，移民入境可增加本国的人力资本。

将该概念拓展到企业经营中，可简单理解为国内企业接受移民入境的劳动者，若入境的是经过专业训练的人才，则企业就会省去培养这些人的教育支出。但是在引入境外人才时,企业必然需要对移民入境有所投入,入境者才会考虑入境工作。此时企业对入境者的聘用支出就属于人力资本投入。

同样,该人力资本投入在财务方面用工资、职工福利等表现,会计核算时也通过"应付职工薪酬"科目来完成。由此可见,企业聘用国内劳动者所发生的支出也属于人力资本投入。

人力资本与人力资源的关系

人力资本与人力资源只有一字之差,因此两者之间很可能存在一定的联系,但它们从本质上就有明显的不同。

(1)联系

人力资本是人力资源的一部分,是可以投入经济活动并带来新价值的资本性人力资源。人力资源可以转化为人力资本,人力资源和人力资本都与教育息息相关,这两点就是人力资本与人力资源的联系,具体说明如表7-1所示。

表7-1 人力资本与人力资源的联系

联系点	说 明
人力资源可转化为人力资本	企业通过教育培训、人员激励和企业文化建设等手段将人力资源进行数量调节、合理配置和开发,就可以大大提高企业劳动生产率,将人力资源转变为人力资本,为企业创造更多的财富
人力资源和人力资本都与教育相关	人力资源的质量是好是坏主要由教育决定,明智的企业管理者会非常重视对本企业人才的培养和培训,会设法通过教育手段来改善本企业的文化水平,包括重金引进高学历、高职称的人才,形成高质量人力资源;人力资本的核心是教育投资,而教育投资又是人力资本积累的过程,也就是说,人力资本的形成和积累主要依靠教育

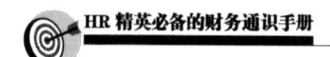

（2）区别

人力资本与人力资源是两个不同的概念，两者之间的区别主要体现在4个方面，如表7-2所示。

表7-2 人力资本与人力资源的区别

区别	人力资本	人力资源
概念	指投入的物质资本在人身上凝结的人力资源，是存在于人体中的具有经济价值的知识、技术能力和健康等质量因素	又称劳动力资源，指能够推动整个经济和社会发展、具有劳动能力的人口总和，包括自然性人力资源和资本性人力资源（即人力资本）
关注的焦点	关注收益问题，即投入与产出的关系，在考虑利润的同时会考虑成本，考虑如何让资本增值、产生利润	关注的是价值问题，考虑的是寻求和拥有，寻找并拥有最好的资源，钱越多越好、技术越先进越好、人越能干越好等
性质	反映的是流量与存量问题，是已经被开发利用了的资源	反映的是存量问题，是未经开发的资本
研究的角度	将人力作为投资对象，是财富的一部分，从投入与效益的关系来研究人的问题	将人力作为财富的源泉，从人的潜能与财富关系来研究人的问题

什么是人力资本投资的财务化管理

对于人力资本投资的财务化管理，一种简单的理解就是从财务的角度审视和管控人力资本投资活动。

由于人力资本投资具有高收益性和高风险性，如果控制不当，就很可能导致人力资本投资入不敷出，因此需要对其进行财务化管理。人力资本投资的财务化管理是企业合理用人、防范用人风险的一种必要手段。

实际上,从财务管理的角度看,人力资本是企业资本的一部分,通过运用形成企业的资产,套用资产的概念,可将人力资本理解为企业拥有的、能给企业带来未来经济利益的人力资源。

站在财务管理的角度看人力资本投资,它是一个转化过程,即企业资金转化为人力资本潜力的过程。那么,人力资本投资的财务化管理具体体现在哪些方面呢?

(1) 人力资本投资要达到一定的财务目标

企业进行人力资本投资的主要目的还是要获取一定的利益,从财务管理的角度看就是要实现一定的财务目标,如表7-3所示。

表7-3 人力资本投资的财务目标

目标	解释
保留人力资源	进行人力资本投资可以在一定程度上稳定公司的人力资源,充分利用人力资本,防止员工流失给企业带来的损失和额外成本
实现公司战略价值	公司战略价值是一种基于公司可持续发展的长期价值,可以体现公司的核心竞争力。而核心竞争力又取决于公司的人力资源的富足程度,因此人力资本投资就是提升人力资源富足程度、实现战略价值的措施之一
获取投资风险价值	进行人力资本投资的目的是培养出适合工作岗位的员工,进而为企业创造价值。而在人力资本投资过程中难免会遇到员工离职、员工无法从人力资本投资中获得进步等风险,因此,人力资本投资最终获取的收益就是获取的投资风险价值

(2) 要分析人力资本投资的现金流量情况

分析人力资本投资的现金流量情况,可帮助企业评价这项投资的效果,使企业从中吸取教训,收获经验。

分析人力资本投资的现金流量时,主要还是以一定的会计期间为准,考察每一期间的人力资本投资的现金流量情况，并算出其净现值，从而判断人力资本投资是否值得，是否能获取收益。另外就是从现金流入量和现金流出量出发，分析人力资本投资的现金流量情况。

人力资本投资的现金流入量主要体现在一些收益或价值的获取上，比如职工接受企业组织的培训课程后，由劳动生产率提高带来的收益、废品和残次品比例减少带来的收益、经营战略精准带来的收益以及职工整体素质得到提高带来的收益等。

人力资本投资的现金流出量主要体现在一些费用开支上，比如企业为组织开展培训活动而支付的讲师授课费和教材费、员工出差学习的住宿费和交通费、员工因参加培训学习而耽误工作的各种损失以及企业在进行人力资本投资过程中发生的其他支出等。

（3）要考虑人力资本投资的收益问题

企业组织开展经营活动，目的就是要盈利，保证企业的可持续发展。因此，在进行人力资本投资时，必然需要考虑该项投资的收益问题。

从财务管理角度出发，在考量人力资本投资的收益时，需要先对人力资本投资的成本进行预测，HR就要在这一工作中做好市场调查和研究，促使企业的人力资本投资以市场为导向，为企业开拓最优人力资源。然后要对人力资本投资的成本进行核算，主要核算人力资本的投资回报率。

最后，对人力资本投资进行综合性分析，进行人力资本投资的效益评估，HR要协助企业管理者做出正确的投资决策，从而使企业的人力资本投资可以获取连续性的收益。

（4）要对人力资本投资进行风险防范

人力资本投资作为一种投资方向，对企业来说肯定存在一些风险。要使这一投资获取理想的收益，就必须做好风险防范。一般来说，可以从投资的量和投资的方式这两个方面来寻找措施。

◆ 从人力资本投资的"量"防范风险

在分析人力资本投资的现金流量时，会涉及人力资本投资的净现值。使人力资本投资获得最大净现值时的人力资本投入量，就是该投资的最佳投入量，也是在考虑了投资风险的基础上分析得出的一个合理投入量。

也就是说，企业在进行人力资本投资时，要从投资的"量"方面尽可能向最佳投入量靠拢，就能有效地防范风险。

◆ 从人力资本投资的"方式"防范风险

人力资本投资的方式有很多，或者说方法有很多，比如进行岗前培训、岗位指导，给予员工学习补贴由其完成自我提高，开展员工在职培训活动，甚至对员工进行脱产培训等。这些投资方式的灵活度、投入量以及最终的投资效果等都有明显的差异，因此，需要企业选择投入量尽可能小、灵活度尽可能大以及投资效果尽可能好的投资方式，这样企业面临的投资失败风险就会更小。

（5）要预测人力资本投资的未来发展趋势

企业总是在总结经验教训、考量未来发展趋势的过程中不断完善自身的经营管理方案和战略，而人力资本投资是影响企业管理者做出具体决策的重要因素，因此其未来发展趋势也是企业管理者必须要重视的问题。

HR作为企业人力资源的管理人员，需要协助企业领导以及管理者做好人力资本投资的未来发展趋势预测，从而给企业当前的人力资本投资活动找到一个执行标准或者活动方向，避免管理者做出的人力资本投资决策偏离企业的经营发展目标，导致人力资本投资发挥不出其应有的作用和功效。

人力资本的投入会有收益吗

人力资本的投入是迎合了企业经营获利的财务目标的一种投资行为,因此肯定会有收益或者损失。只不过它与一般的投资有区别,一般的投资,其收益通常是可以量化的,体现为投资额与产出额的差额;而人力资本投资的收益具有货币性收益和非货币性收益,所以不能简单地以投资额与产出额的差额来衡量。人力资本投资的收益特点见表7-4。

表7-4 人力资本投资收益的特点

特　点	说　明
隐性的	企业进行的人力资本投资并不能立即看到收益,它需要在长期的投资过程中通过人力资源的稳定性提高和储存量增大来反映,然后在人力资源的使用过程中实现经济效益,一般表现为员工对企业的忠诚度、员工的业绩稳定性以及员工工作能力提高等
滞后性	人力资本投资的收益过程需耗费较长的时间,是一个长期的积累过程,只有企业到了某一经营阶段才会收获明显的投资收益
有附加价值	企业进行的人力资本投资,不仅能从员工的身上直接体现出收益,还能从人力资源管理工作中获取一定的附加价值,如企业内部员工整体素质的提高、人力资源管理体系的完善、企业对外的声誉提高以及在市场汇总的竞争力增强等

由于人力资本投资的收益具有隐性特点,因此不好计量,也不方便衡量,所以只能从其他一些经营情况来分析判断。其来源也很广泛,因为人力资本投资会形成企业的人力资源,而人力资源作用于企业经营管理过程中的方方面面,很多经营绩效都与人力资源有关,所以人力资本投资的收益来源不好具体地划分出来。

虽然无法明确人力资本投资的收益来源,但HR可协助企业做好相关策略，以提高人力资本的投资收益。下面介绍几个提高人力资本投资收益的策略思路。

◆ 提高企业的人力资本投资能力

如果企业的人力资本投资能力较强，则获取投资收益的可能性就较强。如何提高这项投资能力呢？相关措施见表7-5。

表7-5 提高人力资本投资能力的措施

措　　施	说　　明
要明确指导投资的导向	作为一项投资活动，人力资本投资也需要有参考依据，要有具体的目标或目的作为导向，来指引企业更准确地进行人力资本投资
要有针对性地投资	人力资本投资不能盲目，不必要的培训不开展，确实不能胜任岗位的员工也没必要勉强聘用，员工的卫生保健支出要用在实处等
要及时做好人力资本投资效益评估	及时进行人力资本投资效益评估，可以实时了解企业的人力资本投资收益情况，从而为管理者在以后做出人力资本投资调整提供参考依据，为完善人力资本投资策略提供重要的数据支撑。同时，不断完善人力资本投资的收益评估体系，使评估的标准更科学、合理

◆ 合理调配人力资源

人力资本投资是企业的人力资源的源泉，人力资本投入后，要想获得理想的收益，就要对人力资源进行合理的调配，使人力资源适合企业的各方面发展需求，充分利用人力资源，从而产出收益，使人力资本投资达到获取收益的目的。

◆ 建立适合企业管理的培训制度

俗话说："无规矩不成方圆。"企业建立适合自身管理需求的培训制度，可提高培训的质量和效率，从而使人力资本投资的效益提高。长此以往，人力资本投资的产出就会大大超过投入，即收益就会增加。为什么呢？

比如严格的培训制度下，员工们在受训期间更能集中精力学习培训知识，不插科打诨,掌握知识和工作技能的速度会变快;由于注意力集中,掌握的知识和工作技能也会比较牢固,最终可以很好地将培训收获运用到实际工作中,提高工作效益,也就是提高人力资本投资的收益。

什么是人力投入的边际效益

边际效益就是对某种事物的消耗量每增加一单位而增加的额外满足程度,"边际"也就是额外增量,消耗量额外变动所引起的效益变动即边际效益。所以,人力投入的边际效益就是消耗的人力资本每增加一单位而引起的效益变动。

无论是人力资本投入的边际效益,还是其他事物的边际效益,都呈现递减的规律。在一定时间内,随着人力资本投入的不断增加,企业从中得到的总效用虽然在增加,但增加的幅度在逐渐减小,即边际效益在减少;当人力资本投入达到一定程度后,总效用会达到最大值,再增加投入也无法增加总效用,此时的边际效益就为0;如果再增加人力资本投入,总效用不但不会增加,反而会因为人力资本投入过大而逐渐减少,边际效益变为负数,即边际效益负增长。

比如,某公司经过对人力资本投入的收益进行评估,发现表7-6所示的现象。

表7-6 人力资本投入与收益的关系

投入额(万元)	收益(万元)	投入额(万元)	收益(万元)
5.00	2.00	10.00	4.00
6.00	2.60	11.00	4.10

续表

投入额（万元）	收益（万元）	投入额（万元）	收益（万元）
7.00	3.10	12.00	4.10
8.00	3.50	13.00	4.00
9.00	3.80	14.00	3.90

从表7-6的数据可以知道，投入额从5.00万元增加到6.00万元时，边际收益为0.60万元（2.60-2.00）；投入额从6.00万元增加到7.00万元时，边际收益为0.50万元（3.10-2.60），投入额从7.00万元增加到8.00万元时，边际收益为0.40万元（3.50-3.10）。以此类推，当投入额从11.00万元增加到12.00万元时，边际收益为0.00万元（4.10-4.10）；当投入额从12.00万元增加到13.00万元时，边际收益为-0.10万元（4.00-4.10），边际收益为负，说明此时企业再追加投资人力资本，不但不能增加收益，反而使收益减少。

则该企业的人力资本投资额最多不能超过12.00万元，否则人力资本投资就会浪费。

为什么人力资本会有投入越大，但收益反而在减少的情况呢？这可能是因为人力资本的投入过大，导致企业出现一些企业人力资源利用问题，从而影响了收益的获取。

从该案例的分析过程和结果可以看出，企业通过分析人力资本投资的边际效益，可初步确定企业的最大人力资本投入额，防止企业的投入被浪费，是一种很好的控制人力资本投入的方法。

人力资本的投入如何影响财务绩效

财务绩效指企业的战略及其实施、执行是否正在为最终的经营业绩做出的贡献的一种体现，它能很全面地表达企业在成本控制方面的效果、资产运用管理的效果、资金来源调配的效果以及股东权益报酬率等。具体体现在四个方面，见表7-7。

表7-7 财务绩效的体现

体　　现	说　　明
偿债能力	企业偿债能力的强弱是其经济实力和财务状况的主要体现，也是衡量企业经营是否稳健的重要标尺。常用到的财务指标有资产负债率、流动比率和速动比率等
营运能力	这一能力可促使企业加强资产管理，提高资产使用效率，增强盈利能力。常用到的财务指标有存货周转率、营收占客观周转率和固定资产周转率等
盈利能力	评价企业的盈利能力可反映资本收益和资本增值的状况，衡量企业的成长性。常用到的财务指标有总资产报酬率、销售净利率、股东权益报酬率和每股净资产等
抗风险能力	指企业承受经营过程中各种不确定因素带来的不利影响和风险的能力，可从该能力评判企业经营管理是否能承受住风险以及能够承受的损失有多大等

简单来说，"人力资本的投入如何影响财务绩效"的意思就是人力资本的投入怎么影响企业的上述四种能力。

对于非财务专业人员来说，通过财务绩效可以了解到如下四点内容。

- ◆ 企业的钱从哪里来：在财务绩效方面，通过财务杠杆作用来知晓。
- ◆ 企业明天会不会倒闭：在财务绩效方面，通过企业的速动比率来评判。

- 企业会不会做生意：在财务绩效方面，通过应收账款周转率、存货周转率、应付账款周转率和营业收入增长率等来衡量。
- 企业会不会赚钱：在财务绩效方面，通过销售费用率、成本利润率、销售净利率和总资产报酬率等来衡量。

那么，人力资本的投入究竟如何影响企业的财务绩效呢？内容如下。

（1）人力资本的投入使财务绩效"从零到有"

试想一下，如果一家企业成立后，只是由老板购入了生产用的物资或待售的商品，但是没有聘请员工来完成产品的生产或销售，则物资或待售商品放在企业也就没有价值，不能使企业获取收益，反而还占用了资金。

企业没有人力资本投入，就没有人力资源可供使用，也就无法实现销售收益，此时的盈利能力必然为0；资产也得不到周转，营运能力也为0；而偿债能力和抗风险能力完全由老板承担，老板的经济实力雄厚，则偿债能力和抗风险能力就强，反之这两种能力就弱。

如果企业有了人力资本的投入，聘请的员工为企业提供劳务，则生产活动开始进行，有产成品形成；销售人员将产成品卖出后就有了销售收入；财务人员和其他行政管理人员通过合理运用企业获取的销售收入和本身的资本，使企业的生产经营处于一个环式的循环经营状态中，就能源源不断地创造价值。此时，有了销售收入，盈利能力就不再是0，资产也在不停地周转，营运能力也不再是0；偿债能力和抗风险能力不再由老板一人的经济实力来评判，其他方面的因素也将作为评判依据。

（2）人力资本投入适量时财务绩效才好

从前一小节的内容可知，人力资本的投入额会影响其收益结果，且投入额并不是越多越好。

人力资本投入不足，企业的人力资源就可能不全面，能够办成的事情就有限，比如资金的利用率低、资产的周转速度慢、无法及时收回货款以及人力资源管理工作不完善、人员流动性大等，这些都会导致财务绩效偏低，即盈利能力、偿债能力、营运能力和抗风险能力较弱。

人力资本投入过量，企业的人力资源过剩，在处理完企业所有的事务后还有人力资源剩余，则此时相当于企业的投入被浪费。比如资金满足了物资采购、日常零星开支和其他一些需求后，还有大量闲置未用，则这部分资金就丧失了其增值的可能性，对企业来说也是一种损失。又比如企业只需要花 11.00 万元的人力资本投入，就能产出 4.10 万元的收益，结果却投入了 12.00 万元，还是只能产出 4.10 万元的收益，这多出的 1.00 万元就是过量的人力资本投入，不仅增加了企业的成本负担，还不能为企业带来收益，是典型的得不偿失，会导致企业盈利能力、偿债能力、营运能力和抗风险能力等降低，财务绩效不高。

所以，只有适量的人力资本投入，才能使人力资源发挥最大的作用，从而创造最优的财务绩效。

什么是股权激励

股权激励是企业为了激励并留住核心人才而推行的一种长期激励机制，指企业通过附加条件给予员工部分股东权益，使员工具有主人翁意识，进而与企业形成利益共同体，促进企业与员工共同成长，帮助企业实现稳定发展的长期目标。

由于股权激励是为了留住企业的人才而做出的一项措施，因此它与人力资源管理有着密不可分的关系。企业做出的股权激励也是人力资本投资的一个重要内容，并且该项激励对企业稳定人力资源有非常好的成效。作为企业人力资源的管理者，HR 有必要深入了解股权激励。

（1）特点

了解股权激励的特点，能更好地理解股权激励的本质，股权激励主要特点见表 7-8。

表 7-8　股权激励的特点

特　　点	说　　明
一种长期激励	股权激励也称期权激励，与员工职位以及在岗时间都有密切关系，员工职位越高，其对公司的业绩影响就越大，公司越愿意以股权来激励这些员工，使其为公司的持续发展出谋划策。而股权本身就是一种长期的权益，所以这种激励也就成了一种长期激励
人才价值的回报机制	对于公司的人才价值的回报，工资和奖金等并不能完全满足，而要使回报更全面、完善，就可以对这些人才实施股权激励，将他们的价值回报与公司的持续增值紧密联系起来，以公司的增值来回报这些人才对公司发展的付出
公司控制权激励	通过股权激励，公司可以使员工参与关系着公司发展经营管理的决策中，使员工拥有部分公司控制权后，不仅能关注公司的短期业绩，还会更加关注公司的长远发展，真正对公司经营负责

由此可见，股权激励不同于工资和奖金，它可以有效防止员工和领导的短期行为，使员工和领导都能切实关心企业的长期发展和资产增值问题。

（2）实施的关键点

公司在实施股权激励时，有一些关键点需要牢记，见表 7-9。

表 7-9 实施股权激励的关键点

关键点	说　　明
激励模式的选择	激励模式是股权激励的核心问题，直接决定着激励的效用
激励对象的确定	企业必须以自身的战略目标为导向，选择对战略最有价值的员工进行股权激励
明确购股资金的来源	股权激励的对象是作为自然人的员工，因此购股资金的来源就非常重要了
考核指标的设计	股权激励的开展一定会与业绩挂钩，企业的整体经营业绩和员工个人的工作业绩都应该作为是否给予股权激励的考核指标

抓住这些关键点，企业在进行股权激励时才不偏离重心，做到心中有数，股权激励才不会出大错。

（3）股权激励的常见模式

股权激励与企业的员工管理工作相关，也就与人力资源相关。HR 了解股权激励的模式，可以更好地处理企业的人事管理工作。常见的股权激励模式见表 7-10。

表 7-10 股权激励的常见模式

激励模式	说　　明
股票期权	是一种允许激励对象（本公司员工）在未来条件成熟时购买本公司一定数量的股票的权利，激励模式就是向激励对象给予这种权利 公司事先授予激励对象股票期权→设定激励对象可以购买本公司股票的条件（即行权条件）→激励对象的行权条件符合，购买本公司股票。 激励对象可根据股票市场价格与行权价之间的关系，考虑是否购买本公司股票（即行权）
限制性股票	公司预先设定自身要达到的业绩目标→达到业绩目标后将一定数量的本公司股票无偿赠予或低价售给激励对象，同时要求激励对象不能任意抛售股票。这里的要求主要分两类，一是禁售期的限制，即禁售期内激励对象不能抛售股票；二是解锁条件和解锁期的限制，即当公司的既定业绩达标后激励对象的股票可以解锁并上市交易，解锁一般分期进行

续表

激励模式	说　明
股票增值权	即公司授予激励对象享有在设定期限内股价上涨收益的权利以及承担股价下降风险的义务 　　公司授予激励对象一定数量的股票增值权（每股股票增值权与每股股份对应）→设定一个股票基准价→执行日股票价格高于基准价，则两者之间的差价就作为奖励给激励对象；股票价格低于基准价，则从激励对象的工资中分期扣除这部分差额作为惩罚 　　激励对象获得的收益总和或者惩罚总和，为股票执行价与股票基准价的价差乘以被授予的股票增值权数量
分红权/虚拟股票	分红权和虚拟股票类似，都是公司授予激励对象的一种股票收益权，而不是真实的股票。这种激励模式下，激励对象没有股票的所有权和表决权，不能出售股票，且一旦离开公司，享有的分红权或持有的虚拟股票就会自动失效。这样的激励模式一方面可以使公司员工更直接地享受公司发展带来的收益；另一方面又不会改变公司的总资本和所有权结构，在政策法规上所受的限制也比较小 　　公司授予激励对象分红权或虚拟股票→公司盈利向激励对象分红

不同的激励模式，适合不同性质和不同发展状况的企业。也就是说，企业可根据自身发展现状来选择合适的股权激励模式，这样可使股权激励达到理想的效果。

◆ 股票期权：这种模式不需要企业支出大量的现金进行即时奖励，因此特别适合处于经营成长期或扩张期的企业，尤其是网络、科技等发展潜力大、速度快的企业。

◆ 限制性股票：这种激励模式以企业的业绩为股票授予条件，因此在发展比较成熟的企业中能收获较好的效果，因为只有该类企业的股价在短时间内不会有较大的上涨空间，激励对象的收益更多来自股票本身而不是股价的涨幅，这样激励对象的收益稳定性才有保证。

◆ 股票增值权：由于股票增值权的兑现大多需要现金，因此会对企业有较大的资金压力，所以比较适合现金充足、发展较稳定的成熟型企业。

- ◆ 分红权/虚拟股票：这种模式的实质是奖金延期支付，而奖金的资金来源大多是企业的奖励基金，它的发放不会影响企业的总资本和所有权结构，虽然也会以现金形式支付，但给企业带来的现金压力不会很大，适合未上市的成熟型企业，或者是需要进行普遍奖励的创业型企业。

（4）股权激励中的几个重要日期

HR要知道，在企业的财务工作中，财会人员对各项经济业务发生日期的确定，关系着账务处理的过程和具体处理办法。因此，为了更好地了解下一节关于股权激励的会计核算内容，这里我们先来了解股权激励中的几个重要日期，如表7-11所示。

表7-11　股权激励的几个重要日期

日　　期	说　　明
授权日	即股权激励计划得到批准的日期。股权激励计划除了可以立即行权，也可以是有等待期的股权激励。这两种激励方式涉及的账务处理是不同的，具体内容在本章下一节介绍
股权激励存续期间的每个资产负债表日	公司以回购股份的形式支付股份给员工的，资产负债表日应该是等待期内的每年年末；如果股权激励的等待期超过一年，则资产负债表日为以后年度的年中某一时点。资产负债表日不同，股权激励的账务处理也有所不同
行权日	就是激励对象行使权利的日期

在授权日，企业要确认自身的工资薪金支出；在资产负债表日，企业要确认总投入与成本费用等；在行权日，企业进行收益的分配。这些在会计核算上都有规定标准进行处理。

股权激励中有哪些会计核算工作

股权激励涉及的会计核算工作有很多，为了更清楚地认识什么是股权激励，HR 可适当地了解这些工作。

（1）特殊日期的会计核算工作

在上一节内容的最后，我们了解了股权激励的三个特殊日期。在这些特殊的日期，涉及股权激励相关的会计核算工作，具体内容如下。

◆ 授权日的会计核算

在股权激励的授权日，如果股权激励计划立即行权，需要做账务处理。公司应根据实际行权时用来激励员工的股票的公允价值（即上市公司在行权日的股票收盘价）与员工实际支付价格的差额和行权的股票数量的乘积，计算确定当年上市公司的工资薪金支出，并依照税法的规定进行税前扣除。

当年工资薪金支出 =（行权时股票的公允价值 – 员工实际支付价格）× 行权的股票数量

而有等待期的股权激励，其最终是否行权是不确定的，因此会计核算方面，等待期内的每个年末都要记录工资费用；但税法上不允许计算可税前扣除的工资费用，而是要等到实际行权时才按照股票的公允价值和行权价格的差额与行权股票的数量之积，计算确定企业当年的工资薪金支出，并依照税法的规定进行税前扣除。该情况下关于当期的工资费用有如下计算公式。

当期应确认的薪酬费用 = 预计行权人数 × 支付股权数 × 权益工具的公允价值 × 累计会计期间（即等待期）

◆ 存续期间的每个资产负债表日的会计核算

公司以回购股份形式支付股份给员工的，应在等待期内的每年年末，即资产负债表日，按照股票在授权日的公允价值记录成本费用。

如果等待期超过一年，则在以后的年度中间计算截至本期应确认的薪酬金额，再减去前期已累计确认的金额，从而确认当期的成本费用。

◆ 行权日的会计核算

公司应根据实际行权的权益工具的数量，计算确定应转入实收资本或股本的金额。转入这两项所有者权益后，不再对已经确认的成本费用和所有者权益总额进行调整。

全部或部分权益工具未被行权而失效或作废的，应在行权有效期截止日在所有者权益的内部进行结转，不冲减成本费用。

对于现金结算的股份支付，应付职工薪酬在可行权日之后的公允价值变动应计入当期损益。

某上市公司为了激励员工工作，同时留住高端人才，于是在公司内部开始实施股权激励。2018年11月22日为授权日，激励对象共8人，当天无法立即行权。已知股权激励的存续期间为3年，每期的等待期为一年。相关账务分析和会计核算如下。

由于每期等待期为一年，因此第一个可行权日为2019年11月22日。而第一次需要进行账务处理的时间是2018年12月31日，在这一天需要估算可能行权的股票数量，还要考虑完成业绩目标的可能性和第一个可行权日可能的股价。假设第一次行权5 000股的股票，行权日的股票收盘价（即股票的公允价值）为17.60元，预计行权人数为5人，则

当期应确认的薪酬费用 $=5 \times 5\,000 \times 17.60 \times 1 = 440\,000.00$（元）

这44.00万元要分摊到2018年11月22日—2019年11月22日期间，确认工资

费用。其中2018年需要分摊其中的39/365，而2019年需要分摊其中的326/365。

到了2019年12月31日，公司还要估计在第二个可行权日（即2020年11月22日）会行权的股份数量和预计行权人数。然后按照行权日的股票价格确认股票的公允价值，从而确定并记录工资费用，在2019年和2020年这两个会计年度内分摊这部分工资费用。

以此类推，在2020年12月31日，进行相同的账务处理和会计核算。

从股权激励的会计核算类型看，这三个特殊日期的股权激励会计核算属于公司直接授予的涉及股份支付的股权激励。即以公司发行的权益性工具（股票或股票期权）作为获取激励对象的服务而支付对价，即权益结算的股份支付。公司将所获得员工的服务确认为成本费用，同时将所支付的对价作为公司增加的权益，因此以权益工具的公允价值计量。

如果公司为了获取激励对象的服务而支付现金或其他资产，即现金结算的股份支付，则公司要将所获员工的服务确认为成本费用，同时将所支付的现金或其他资产确认为负债，也以公允价值计量。

> **知识延伸** | 其他两种主要的股权激励会计核算类型
>
> 除了正文中提及的公司直接授予的涉及股份支付的股权激励外，还有两种核算处理不同的股权激励：一是由公司股东代支付的股权激励；二是提取股权激励或奖金基金的股权激励。
>
> 1.由公司股东代支付的股权激励，指公司采用向股东授让限制性股票的方式实施股权激励，取得服务的代价由股东自行支付并承担，公司无须确认成本费用。这种股权激励方式下，公司是获得激励对象提供的服务的直接受益者，此时公司方有两项交易，一是公司无偿从股东处取得权益性工具；二是公司获得激励对象提供的服务，并以无偿取得的权益性工具进行服务费用的结算。
>
> 2.提取股权激励或奖励基金的股权激励，指员工用股权激励或奖励基金购买公司的股票，而公司授予员工的标的物就是公司的股票，不是现金。这样的股权激励实际上是公司以奖励基金回购其股票，属于股份支付核算的范畴，相关账务处理可参考正文内容。

（2）账务处理

在常见的3种股权激励会计核算类型中，涉及股份支付换取激励对象提供的服务的，其金额难以直接、可靠地计量，所以只能间接参考公司所支付权益工具的估值。但是由于权益性工具的形式繁杂，因此账务处理的难度较高。实际处理时，可按照如下所示的3点处理规范执行。

- 凡是公司为了获取员工服务而授予的权益性工具或以权益性工具为基础确定的负债，应作为公司的一项费用，在利润表中反映。
- 不同的激励方案，先归集出费用的总额，再在适当的会计期间内摊销，即按照恰当的模型，计量权益工具或负债的公允价值，并在等待期内按规定摊销。
- 在账务处理时，行权前的每一个资产负债表日，借记费用类科目，贷记"资本公积——其他资本公积"科目；行权时，借记"银行存款""资本公积——其他资本公积"等科目，贷记"股本"和"资本公积——股本溢价"科目。

（3）企业所得税的处理

因为公司实行股权激励时需要在相应的会计期间确认并记录工资费用，所以就会相应地减少公司当期的企业所得税应纳税所得额，进而少缴企业所得税税款。

但是，税法上允许公司扣除工资费用的时间通常与会计核算方面有差异，比如股权激励的行权日股价为17.60元，而员工支付的行权价格为13.00元，则存在差价4.60元。如果预计行权股数为5万股，则相当于公司给员工支付了23.00万元（4.60×50 000）的薪酬。这23.00万元就需要在计算企业所得税时作为一个薪酬成本或工资费用扣除。

无论股权激励的行权是否有等待期，税法上规定工资费用的时间均为行权日，记录的金额均为股票行权日的公允价值与行权价的差额和预计行权股数的乘积。

（4）员工持股对公司利润的影响

由于企业实行股权激励时会影响企业的应纳税所得额，从而影响企业所得税的应纳税额，因此也会对企业的利润有一定影响。

在会计上，企业向员工授予股权激励时要确认股份支付的费用，且这一费用会随着股权激励计划的时间在各个会计年度内进行合理分摊，从而影响企业当期的利润。在税法上，企业要在相应的会计时点进行税前扣除并计缴企业所得税，从而影响企业的利润。

仔细分析可知，员工取得股权所付出的成本与股权的公允价值差异越大，对企业的利润影响越大。除此以外，员工持股计划对企业未来的发展计划也有一定影响，通常，持股计划实施越晚，对企业的利润影响越大。

（5）股权激励对员工个人所得税的影响

对于实行股权激励的上市公司的员工来说，需要在股票期权行权、限制性股票解禁之日起，不超过12个月的期限内，针对个人的相关收入缴纳个人所得税。

而对于非上市公司的员工来说，不会按照行权的时间来进行会计核算，在不发生股权转让时都不需要做账，也不需要计缴个人所得税；直到股权发生转让时，才进行相关账务的处理，并按照财产转让所得计缴个人所得税。因此，个人所得税税率就是固定的20%。而非上市公司的员工获得股权激励时，如果满足一定的条件，则纳税时点可适当延长。

企业文化建设是不是人力资本投入

企业文化指企业在生产经营过程中逐步形成的、被整个团队认同并遵守的价值观、经营理念和企业精神，以及在此基础上形成的行为规范的总称。

由于价值观、经营理念、企业精神和行为规范等都与人有着密切的关系，企业生产经营过程中形成的这些无形的产物其实也是由员工和管理者的价值观、经营观念等组成。因此要使这些价值观、经营观念有机地融合起来，形成企业文化，就必须从外部使力，即进行企业文化建设工作。

企业进行文化建设必然需要投入时间、精力，更需要企业员工积极配合，因此，企业文化建设确实是一种人力资本投入。这部分投入也要算作企业的成本，需要做好相应的管理和控制工作。

企业文化建设的投入主要分为内部和外部两大类，内部投入包括设立组织机构、完善企业文化机构以及优化企业内部环境等所发生的支出；外部投入包括采用各种方法和途径宣传企业文化所发生的支出。

企业文化建设的投入如何作用于企业的经营管理工作呢？可从如下两个方面分析。

- ◆ 企业文化对公司员工的生产经营理念、凝聚力、自我控制、自我约束力和成本意识等都有很大的影响，从而促使员工为公司的生产经营和成本管控工作出力。
- ◆ 一个具有优秀企业文化的公司，其员工必然有着良好的行为习惯，有强烈的主人翁意识，能自觉地维护公司的形象和各项规章制度，会努力提高工作效率，降低物化劳动的消耗，从而降低成本。

文化建设能给企业带来财务效益吗

文化建设作为一项人力资本投入，当然会发生收益或损失，也必然会对企业的财务效益有所影响，因为企业的营利性就是企业特征中的文化现象，是企业文化效益的一个重要特征。企业文化效益也可以理解为企业文化产生的效益。

企业文化建设的最终目的是实现企业经济效益和社会效益最大化，从而达到永续经营。而在企业文化的建设中，企业可通过员工的忠诚度和消费者的忠诚度等最大化来实现企业发展动力的最大化，从而实现企业的最终目的。

企业文化建设这一人力资本投入，与一般的投入产出关系不同。无论是从表面上看，还是从企业文化的本质上看，其投入与产出都不能直接计算得出具体的数据，因为企业文化建设的所有产出都渗透到了企业效益中，所以在分析企业文化建设的效益时，不能看它直接带来了多少效益，而应衡量它对企业效益基础的巩固以及扩大具有多大的作用和效能。

在会计核算方面，企业文化建设无法具体衡量，因此没有特定的账务处理。所有的人力资本投入均在其他相关业务或事项发生时，根据具体的情况核算工资薪酬。

第8章

人力资源方面如何防范企业财务风险

HR要明白，并不是只有财务工作才会给企业带来财务风险，实际上企业内部所有职能部门及全体员工的行为都会，人力资源管理也不例外。企业一旦陷入财务风险中，不仅经济会受到损失，而且还可能受到严重处罚。作为企业的一员，HR要了解人力资源工作中防范企业财务风险的一些措施。

财务风险是什么

财务风险指企业在各项财务活动中由于各种难以预料和无法控制的因素，使企业在一定时期、一定范围内所获取的最终财务成果和与其经营目标发生偏差，从而形成的使企业蒙受经济损失或难以获取更大收益的可能性。

企业的财务工作贯穿于生产经营的整个过程，筹措资金、进行长短期投资以及分配利润等，都可能产生风险。下面就从财务风险的类型、形成原因以及主要防范措施等方面，进行详细了解。

（1）财务风险的类型

一般来说，财务风险的类型根据其来源进行划分，主要有五种。

◆ 筹资风险

筹资风险，顾名思义就是企业在筹资活动中产生的风险，具体指由于市场中资金供需关系和宏观经济环境发生变化，企业进行资金筹集而给自身的财务成果带来的不确定性。这类财务风险主要包括五种，如表8-1所示。

表8-1 筹资风险的种类

种　类	解　释
利率风险	指由于金融市场中金融资产的波动而导致筹资成本变动的风险
再融资风险	指由于金融市场上金融工具的品种和融资方式等发生变动，导致企业再次融资而产生的不确定性；或者企业本身筹资结构不合理导致再融资产生困难的风险
财务杠杆效应	指由于企业使用财务杠杆融资而给利益相关者的利益带来不确定性的风险

续表

种类	解释
汇率风险	指由于汇率变动引起的企业外汇业务成果的不确定性的风险
购买力风险	指由于币值的变动给企业的筹资带来影响的风险

◆ 投资风险

投资风险指企业投入一定资金后，由于市场需求发生变化导致最终收益与预期收益发生偏离的风险。这类风险主要包括利率风险、再投资风险、汇率风险、通货膨胀风险、金融衍生工具风险、道德风险和违约风险等，具体内容如表8-2所示。

表8-2 投资风险的种类

种类	解释
利率风险	指由于金融市场中金融资产的波动而导致投资收益变动的风险
再投资风险	指企业在持有债券或债权期间收到的利息收入或股息收入、到期时收到的本息或本利以及出售时得到的资本收益等，用于再投资所能实现的报酬可能会低于当初购买该债券或债权时的收益率的风险
汇率风险	指由于汇率变动引起的企业外汇业务的投入发生变化或成果不确定的风险
通货膨胀风险	即购买力风险，指涉及现金的业务，会因为通货膨胀、货币贬值的影响而导致购买力下降，从而使经济业务的实际收益下降，给投资者带来实际收益水平下降的风险
金融衍生工具风险	这是一类风险，指与金融衍生工具相关的风险，包括市场风险、信用风险、流动性风险、操作风险和法律风险等
道德风险	指参与合同的一方面临的对方可能改变行为而损害到本方利益的风险
违约风险	一般指信用风险，是交易对方不履行到期债务的风险

企业的对外投资包括直接投资和证券投资。在我国，根据《中华人民共和国公司法》的规定，股东拥有企业股权的25%以上的，应视为直接投资。证券投资主要指股票投资和债券投资，其中股票投资是共担风险、共享利益

的投资形式，被投资方面临什么风险，投资方就会面临什么风险；而债券投资与被投资企业的财务活动没有直接关系，只是定期向被投资企业收取固定的利息，面临的是被投资者无力偿还债务的风险。

◆ 经营风险

经营风险也称营业风险，指企业在生产经营过程中，由于供、产、销各个环节不确定因素的影响而导致企业资金运动迟滞、企业价值发生变动的风险。这类风险主要包括采购风险、生产风险、存货变现风险和应收账款变现风险等，内容如表8-3所示。

表8-3 经营风险的种类

种　　类	解　　释
采购风险	指由于原材料市场中供应商和材料等变动所产生的供应不足的可能性，以及由于信用条件与付款方式的变动而导致实际付款期限与平均付款期有所偏离的风险
生产风险	指由于信息、能源、技术和人员等的变动导致企业的生产工艺流程发生变化的可能性，以及由于库存不足导致停工待料或销售迟滞的可能性等风险
存货变现风险	指由于产品市场发生变动而导致企业的产品销售受阻的可能性
应收账款变现风险	指由于企业的赊销业务过多导致应收账款管理成本增大的可能性，以及由于赊销政策改变导致实际回收期与预期回收期发生偏离的可能性等

◆ 存货管理风险

存货管理风险指企业由于缺乏存货管理意识、存货管理机制不健全而导致存货周转缓慢、存货损失大等现象的风险。

对企业来说，保持一定量的存货对进行正常生产是非常重要的。如果存货太多，会导致产品积压，过多地占用企业的资金，存货管理风险就越高；如果存货太少，又有可能导致企业生产用的原材料供应不及时，影响企业的正常生产，严重时还可能造成对客户的违约，影响企业的信誉，存货管理风险也会很高。所以，确定企业的最优库存量是一个亟待解决但又非常棘手的问题，企业需要结合自身发展现状进行管理。

◆ 流动性风险

流动性风险指企业资产不能正常和确定地转化为现金，或者企业债务和付现责任不能正常履行的可能性。这类财务风险可以从企业的变现能力和偿付能力这两个方面入手分析和评价，如表8-4所示。

表8-4 流动性风险的种类

种 类	解 释
变现能力风险	由于企业资产不能确定性地转化为现金而发生问题的可能性
现金不足及现金不能清偿风险	由于企业支付能力和偿债能力发生变动导致企业出现问题的可能性

（2）财务风险的形成原因

对企业来说，经营管理工作是非常复杂且烦琐的，因此财务风险的产生原因有很多，不仅有企业外部的原因，也有企业自身的原因。不同的财务风险，其产生的原因显然是不同的，但从全局的角度看，企业产生财务风险的一般原因主要有如下4点。

◆ 企业财务管理的宏观环境复杂：这是企业产生财务风险的外部原因，企业财务管理的宏观环境复杂多变，加上企业管理系统不能适应这样多变的宏观环境，导致企业产生财务风险。

◆ 企业财务管理人员对财务风险的客观性认识不足：这是企业自身原因，由于财务风险是客观存在的，只要企业发生了财务活动，就必然存在财务风险。但是在实务中，很多企业的财务管理人员财务风险意识薄弱，甚至缺乏财务风险意识，导致企业面临财务风险。

◆ 财务决策缺乏科学性：这是企业自身的原因。因为管理者的财务决策缺乏科学性，所以使财务决策失误，从而引发财务风险。

- 企业内部财务关系不明：这是企业自身原因。企业与内部各职能部门之间，以及企业与上级企业之间，在资金管理和使用、生产消耗和销售宣传以及利益分配等方面存在权责不明、管理不力的现象，造成资金使用效率低，资金严重流失，且安全性和完整性得不到保障，从而产生财务风险。

（3）财务风险的主要防范措施

企业的财务风险是一定会存在的，想要完全消除财务风险是不可能的，更是不现实的。对企业来说，只能想办法规避财务风险，或者减小财务风险发生的可能性，也或者是将财务风险程度尽可能地降到最低。

在实务中，针对不同的需要采取的措施是不同的。下面从五个财务风险角度出发，简单了解每种财务风险的主要防范措施。

- 筹资风险的防范措施

如果企业经营过程中出现了资金不足的情况，则可以采取发行股票、债券的办法筹集经营所需的资金；也可以向银行借款，实行举债经营，充分利用财务杠杆效应。

- 投资风险的防范措施

企业在防范投资风险时，着眼点可以是通过控制投资期限和投资品种来降低风险。为什么呢？因为一般来说，投资期限越长，风险也越大。所以企业应尽可能地选择短期投资。

另外，企业如果进行了证券投资，则应该采取分散投资的策略，选择若干只股票组成投资组合，通过组合中的各只股票相互抵销风险来使投资组合的风险尽可能低，也就降低了整体投资的风险。

在防范投资风险时，企业可能会面临衡量投资的风险大小的问题。一般企业在对证券投资进行风险分析时，可采用 β 系数的分析方法或者资产定价模型来确定投资组合的风险大小，$\beta < 1$ 时，说明投资组合的风险小于整个证券市场的平均风险水平，也就说明该投资组合是风险较小的投资对象。

◆ 经营风险的防范措施

企业经营过程中，其他因素不变的情况下，市场对企业产品的需求越稳定，则企业未来的经营收益就会越稳定，也就说明经营风险越小；反之，经营风险越大。因此，企业在确定生产哪一种或哪几种产品时，应对产品的市场做好调研工作，然后决定生产适销对路的产品，这样市场对企业产品的需求就会更稳定，经营风险就越小。

除此之外，产品的销售价格又是销售收入的决定因素之一，销售价格越稳定，销售收入就越稳定，企业未来的经营收益也就越稳定，这样经营风险也就越小；反之，经营风险越大。但因为产品的市场销售价格无法由个别企业控制，因此只能期望市场是趋于完全竞争状态的，这样产品的市场销售价格就会趋于稳定，经营风险才会越小。

◆ 汇率风险的防范措施

汇率风险属于企业外部环境引起的风险，企业只能从完善自身经营条件出发进行防范，具体措施有 5 个，如表 8-5 所示。

表 8-5 防范汇率风险的措施

措　　施	操　　作
选择恰当的合同货币	在有关对外贸易和借贷等经济交易中，选择哪种货币作为计价货币直接关系着交易主体是否会面临汇率风险。企业尽可能使用本国货币作为合同货币，就可在出口、资本输出时使用硬通货，在进口和资本输入时使用软通货，并在合同中加列保值条款，可规避风险
通过金融市场进行保值操作	进行现汇交易、期货交易、期汇交易、期权交易、借款与投资、利率与货币互换以及外币票据贴现等

续表

措　　施	操　　作
实行资产负债表保值	通过资产负债表保值来化解经济主体在资产负债表的会计处理过程中产生的折算风险。实际操作时要求企业在资产负债表上以各种功能货币表示的受险资产与受险负债的数额相等，从而使这些资产或负债的折算风险头寸为0，这样汇率发生变动时企业才不会发生折算损失
多样化经营	在国际范围内分散企业的销售、生产地和原材料来源地。借助国际经营的多样化，使企业在汇率发生变化时可以通过比较不同地区生产、销售和成本的变化来趋利避害，增加企业在汇率变化有利的分支机构的生产，或者减少汇率变化不利的分支机构的生产
财务多样化	在多个金融市场以多种货币寻求资金的来源和去向，实行筹资多样化和投资多样化，使某些外币贬值的同时还有外币在升值，这样企业就可以通过外汇风险的相互抵消，来达到防范风险的目的

◆ 流动性风险的防范措施

对于企业来说，经营过程中流动性较强的资产包括现金、存货和应收账款等项目。而防范流动性风险的目的是在保持资产流动性的同时，实现利益最大化。然而企业持有现金一定就会存在时间成本，换句话说，手中持有的现金过多，会使企业资金占有率升高，从而失去其他的获利机会；但如果持有现金太少，又会面临资金不能满足流动性需求的风险。

因此，企业应确定最佳现金持有量和最佳库存量，同时还要加快应收账款的回收速度等，从而在达到防范流动性风险的目的时，还能实现企业的利益最大化这一经营目标。

人力资源方面存在哪些财务风险

对于企业来说，人力资本的投入与产出之间有着一段很长的时间距离，最终这一投资是否能"回本"是一个未知数，这就产生了财务风险。从大范围看，这是与人力资源有关的财务风险。产生的原因有如下三个。

- ◆ 企业对人力资本的属性认识不够。
- ◆ 企业对人力资本的利用和引导不到位。
- ◆ 企业难以甚至无法预料和控制外界环境对人力资源的影响和作用。

那么，人力资源方面究竟存在哪些财务风险？HR 又该如何帮助企业防范这些风险呢？来看下面的内容。

（1）人力资源方面存在的风险

与人力资源相关的问题如果存在，都可能使企业面临财务风险。常见的人力资源方面的财务风险有如下几个。

- ◆ *人力资本投资的产出风险*

人力资本投资的产出风险是由人力资本投资的长期性造成的，在企业利用人力资本形成人力资源，从而为企业创造价值的过程中，很多因素都会影响该投资的回报效果，这就是人力资本投资的产出风险。

比如，在人力资本投资行为中，经常出现以为招聘进公司的员工会比较稳定地在工作岗位上工作几年，但实际上这些员工刚进公司没多久就离职。这就属于公司在投资回收期内，人力资本的承载者发生了离职或者在尚未工作和工作年限未达到回收期限前就失去了生命或工作能力，这样就会使公司的人力资本投资全部或部分损失，使投资的产出风险增加。

◆ 人力资本的贬值风险

对公司员工来说，在为公司提供劳务时，需要接受各种在职培训。如果员工在还没有达到公司的用工标准时就离开公司，则公司不但损失人力资本，使前期投资无法收回，还会使公司付出的培训成本也付诸东流，从而使总体的人力资本贬值。

◆ 人力资本的折旧风险

人力资本的折旧风险是由人力资本投资收益的滞后性引起的。随着科技不断发展，商品的价值高低主要取决于科学技术的进步，而其中来自直接劳动的那部分就会成为科学技术进步的从属要素，即科学技术越是进步，人力资本的投入就会大大减少，这就是人力资本的折旧风险。

（2）防范人力资源方面的财务风险

HR帮助企业防范人力资源方面的财务风险时，主要从组织结构、人力资本投资收益以及人力资本的利用效率等方面入手。

①人力资源部门要对公司的各个岗位的设置目的、主要职责、权限范围、工作内容、结构关系和工作环境及条件等因素进行详细分析，明确各个岗位的日常工作，尽量做到人尽其用，让员工找到自己在公司发展中的价值，防止员工在人力资本投资回收期内离职或丧失工作能力。

②由于人力资本投资收益具有不确定性，因此HR需要协助公司做好人力资本投资收益的预测工作，同时协助财务部门核算人力资本投资的成本，及时发现投资过程中存在的问题，并积极采取措施来规避投资风险。另外，还要对公司当前的人力资本投资进行总结性分析，为下一阶段的人力资本投资提供参考数据，避免后期人力资本贬值。

③人力资源部门要让HR的工作发挥效用，提高人力资本的利用效率，

缩短人力资本投资收益的回收期，降低收益的滞后性，减小科技发展对人力资本投资的折旧影响，进而降低人力资本投资的折旧风险。

规范拟定劳动合同的内容

劳动合同是反映用人单位与劳动者的劳动关系的书面协议，也是明确了双方权利和义务的协议。实务中，并不是每一份劳动合同都是有效的，判断劳动合同是否有效，主要依据我国《劳动法》第18条的规定和《劳动部办公厅对〈关于如何理解无效劳动合同有关问题的请示〉的复函》，内容如下。

凡是违反法律规定和采取欺诈、威胁等手段订立的劳动合同，均为无效合同。无效合同分为全部无效和部分无效两种。其中，部分无效合同指无效的条款如果不影响合同其他部分的效力，则其余部分仍然有效。无效合同从订立之时起就没有法律约束力。那么，劳动合同是否有效，由谁来确认呢？一般来说由劳动争议仲裁委员会和人民法院行使确认的权利。

除此以外，要保证订立的合同有效，还得按照一定的原则、程序订立，同时要包括应有的内容才行。由于HR的工作与劳动合同的签订与保管息息相关，因此HR需要了解关于劳动合同的知识。

（1）订立的原则和程序

用人单位与劳动者订立（包括续订）劳动合同，应遵循平等自愿、协商一致和符合法律这3项基本原则。凡是遵循了这3项原则所订立的劳动合同，均具有法律的约束力，双方当事人必须履行合同规定的义务。

由于用人单位和劳动者是两个平等的社会主体，因此订立劳动合同一般按照图8-1所示的流程进行。

```
┌─────────────────────────────────────────────────────────┐
│ 用人单位和劳动者协商要约和承诺合同的条款。              │
└─────────────────────────────────────────────────────────┘
                          ↓
┌─────────────────────────────────────────────────────────┐
│ 双方达成一致后签字或盖章。用人单位加盖法人章,必要时可书面委托所属的有 │
│ 关部门代替盖章,或由法定代表人或受托人代为签字;劳动者加盖自己的私章或 │
│ 签字,遇特殊情况的,可书面委托他人代签。                │
└─────────────────────────────────────────────────────────┘
                          ↓
┌─────────────────────────────────────────────────────────┐
│ 有条件的,可将劳动合同送至当地劳动保障行政部门进行审核、鉴证,确保合同 │
│ 的有效性。                                              │
└─────────────────────────────────────────────────────────┘
                          ↓
┌─────────────────────────────────────────────────────────┐
│ 劳动合同一式两份或一式三份,用人单位与劳动者各执一份,有时合同鉴证部门 │
│ 也执一份。                                              │
└─────────────────────────────────────────────────────────┘
```

图 8-1　订立劳动合同的程序

(2) 劳动合同的内容

通常,劳动合同的条款包括但不限于劳动合同期限、工作内容、劳动保护和劳动条件、劳动报酬、劳动纪律、劳动合同终止的条件以及违反劳动合同的责任等。这些条款中有些是必备的,有些是约定的。如何才能做到规范拟定劳动合同呢?规范的劳动合同包括必备条款和约定条款,如表8-6所示。

表 8-6　劳动合同的条款内容

条款属性	条款内容	描　　述
必备条款	劳动合同期限	法律规定的合同期限有3种:一是固定期限,具体有1年期限、3年期限等;二是无固定期限,即合同没有约定具体的时间,只约定了终止合同的条件,在无特殊情况时,这种期限的合同应存续到劳动者达到退休年龄;三是以完成一定的工作为期限,如劳务公司外派一名员工去另一家公司工作,两家公司签订劳务合同,则外派员工与劳务公司签订的劳动合同期限以劳务合同的解除或终止而终止

续表

条款属性	条款内容	描　　述
必备条款	工作内容	在这一内容中，用人单位和劳动者可约定工作数量、质量和劳动者的工作岗位等，其中工作岗位可以约定宽泛的岗位概念，也可另外以前一个短期的岗位协议作为劳动合同的附件，还可约定在哪种条件下可以变更岗位等
	劳动保护和劳动条件	可以约定工作时间和休息、休假的规定，各种劳动安全与卫生防护措施，对女工和未成年工的劳动保护措施与制度，以及用人单位为不同岗位劳动者提供的劳动、工作的必要条件等
	劳动报酬	约定劳动者的标准工资、加班加点工资、奖金、津贴和补贴等的数额，以及支付时间和支付方式等
	劳动纪律	约定用人单位制定的规章制度，一般需将内部规定制度印制成册，作为劳动合同的附件
	劳动合同终止的条件	这一条款一般出现在无固定期限的劳动合同中，但其他期限类型的合同也可以约定。必须要注意的是，用人单位和劳动者不能将法律规定的可以解除合同的条件约定为终止合同的条件，避免出现用人单位应在解除合同时支付经济补偿金而改为终止合同不予支付经济补偿金的情况
	违反劳动合同的责任	一般可约定两种形式的违约责任。一是由于一方违约给对方造成经济损失，约定赔偿损失的方式；二是约定违约金，约定的具体金额必须考虑职工一方的承受能力，切忌显失公平
约定条款	即随机条款	指用人单位与劳动者订立劳动合同时除前述 7 项必备条款外的其他条款，主要指一些在国家法律规定不明确，或者国家尚无法律规定的情况下，用人单位与劳动者根据双方的实际情况协商约定的随机性条款。这些随机条款包括但不限于试用期的约定、保守用人单位商业秘密的事项、用人单位内部的一些福利待遇以及房屋分配或购置等内容。随着人们的法律意识与合同观念越来越强，劳动合同的约定条款也越来越多

图 8-2 所示是某公司劳动合同范本。

图 8-2 劳动合同范本

考勤记录要严格且清晰

考勤，即考查出勤，通过某种方式获得员工在公司和特定时间段内的出勤情况，包括上下班、迟到、早退、病假、事假、婚假、丧假、公休、工作时间和加班情况等。

考勤关系着企业内部每位员工的工资收入情况，也关系着企业的人力资源成本的问题。考勤不准确，可能使员工该得的奖励或工资没有得到，也可能使员工不该得的奖励或工资却拿到了，使企业承担了多余的人力资源成本，损害企业的经济利益。

为了避免前述情况，HR 在管理本公司员工考勤的事务时一定要严格，数据记录一定要清晰，这样也能方便 HR 进行后期的工作统筹、安排，规范工作秩序，提高办事效率。

早期，大多数公司通常用笔在考勤簿上登记员工的出勤情况，由员工自己签字表示出勤。但由于实务中代签的现象频繁发生，使考勤簿不再能发挥其监督作用，后来，很多公司开始使用生物识别（如指纹打卡）、门禁刷卡等方式来记录员工的出勤情况。不同的考勤方式有各自的优缺点，如表 8-7 所示。

表 8-7　不同考勤方式的优缺点对比

对比项	移动考勤	指纹考勤	磁卡、IC 卡、激光条码非接触感应卡	打卡机
介质	个人手机或电脑	指纹识别机器	卡片	一次性专用纸卡

续表

对比项	移动考勤	指纹考勤	磁卡、IC卡、激光条码非接触感应卡	打卡机
终端机	电脑或手机	指纹仪玻璃钢制品	刷卡机器	卡识别机器
员工替人考勤	不可以	不可以	可以	可以
损耗品	无	无	IC卡、条码卡。卡片易损坏和丢失	纸卡
电脑联网	可以	可以且能及时传输数据	可以,但不及时,数据容易丢失	不可以
自动统计	可以	可以	可以	不可以
确认方式	多维(人脸识别、精准定位、二维码)	本人的指纹识别	磁卡、IC卡	纸卡记录
读取记录	可准确记录,很少出错	可准确记录,很少出错	数据的读取常出错,稳定性较差	数据的读取费时费力
设备优缺点	操作智能化,电脑储存数据,可进行网络数据分析,无硬件的消耗	操作简单,管理方面,电脑储存数据,安全性高,无硬件消耗	员工需要携带卡片,非常麻烦不方便,且卡片的寿命较短,企业的硬件设备成本高	纸卡一次性使用,既浪费也不环保,企业管理成本高,常有代刷卡现象发生

通过表8-7对比的考勤方式的优缺点,企业可选择适合自身经营管理和发展需求的方式实施考勤管理。而要想企业的考勤工作有序、有效地进行,制定一个考勤管理制度非常有必要。考勤管理制度用以明确企业的考勤工作内容,规范考勤的管理标准,从而规范员工的出勤行为。

考勤管理制度的内容包括但不限于制定考勤管理制度的目的、考勤范围、考勤方法和奖惩措施等。图 8-3 是某公司考勤制度的内容。

公司考勤管理制度

第一条 为了加强公司考勤管理，督促员工养成自觉遵守纪律的好习惯，保证各项工作的正常开展，特制定本考勤制度。

第二条 本制度适用于公司全体员工。

第三条 公司员工除下列人员外，均应按规定上下班时间签到（打卡）：

1.因公出差人员。

2.因故请假的人员。

3.临时事务，事后以文字形式说明事由经主管签字核准，将书面文件交给行政部存档、备查（注：必须当天或次日补上书面说明）。

第四条 上下班时间为上午：08:30～12:00，下午 13:00～17:00；具体公休时间以公司排班为准，（注：下属机构工作时间以当地为准）。

第五条 公司员工一律实行上下班打卡、登记制度，当月考勤截止日期为每月底；每日出勤规定打卡两次，正常打卡时间要求为早 08:30 前（上班前）和晚 17:00 后（下班后）；下属分支机构以当地为准。

第六条 所有员工上下班均须亲自刷卡或签字登记，任何人不得代替他人或由他人代替打卡（代签字），如有违反，代打卡人（代签字人）和被代打卡人（被代签字人）均给予罚款 100 元，如再次违反者予以违纪处罚并罚款 200 元，第三次出现此违纪行为公司将考虑给予除名。

第七条 未打卡者必须要有真实合理的解释并在未打卡登记表上登记（有直接主管签字核实）。

（1）忘打卡者：将从当月的工资中扣除罚金 10 元/次；若因工作关系忘记打卡，需直接主管签字的书面证明，当天没有签字确认（后补的）需提供当天的工作证明及上级领导签字确认的说明单，否则均按缺勤处理。

（2）打卡机不识别：须及时在未打卡登记表上登记，并找本部门上级领导或者其他人证明在未打卡登记单上签字确认后，方可不做扣罚处理；若当时没有签字确认（后补的）也将扣除罚金 10 元/次，并需提供当天的工作证明。

第八条 外出办理各项业务的员工必须填写外出登记单后，经直接主管签字核实后上报行政部，方能离开，不办理者，均按缺勤处理，如有特殊情况需经上级领导签字确认后方可生效，并报行政部备查。

第九条 统计人员伪造、涂改现象者当日一律按旷工处理。

第十条 员工出勤情况每月底由行政部统计并交财务部一份，作为核发工资和绩效考核的依据。

第十一条 全年出勤率累计低于 97%或事假超期者，不予考虑当年调资。

第十二条 员工旷工半天扣发当日工资，旷工一天扣发两日工资，连续旷工 3 天或全年累计旷工 7 天者应予解除劳动合同。

第十三条 请、休假管理规定

员工请、休假，不如实反映情况，虚构请假理由，开虚假医疗诊断证明，有弄虚作假等行为，一经发现，予以辞退并解除劳动合同。

（1）请假程序

1.员工休假需事先经过部门负责人批准（批假人必须保证部门工作不受影响下批假），并到行政部办理相关手续，休假结束后应立即到行政部办理销假手续。

2.请假人必须将工作交接清楚，方可休假。

3.请假有效程序为：请假人向逐级领导提交书面的《请假单》，经最终审批权限人批准后交行政部备案。附：《请假单》

（2）批假权限

普通员工

批准人	批准假期的期限	请假提前时间
部门主管	1 天	需提前 2 天申请并报行政部备案
分管领导	2 天	需提前 2 天申请并报行政部备案
总经理（董事长）	3 天（含）以上	需提前 5 天申请并报行政部备案

部门主管请假，需总经理审批后按批准意见执行，并到行政部备案。

批准人	批准权限	请假提前时间
总经理（董事长）	审批	需提前 5 天申请并报行政部备案

（3）请假要求与相应的规定

1.员工请假无论时间长短及假类形式，除急诊病假及突发事件（必须在当日 10 点之前本人或家人电话向部门负责人请假，事后补办请假手续）外，一律需按照请假提前时间要求事先提交书面的请假单，否则按旷工论处，病假每月累计不得超过 3 天，每年累计病假不得超过 12 天；事假每月累计请假不得超过 3 天，每年累计请假不得超过 12 天；超过者公司予以劝退。

2.员工假满后应及时至行政部销假，确有突发事件导致假满仍不能及时上班者须及时报知批准人，可按事假处理。逾期不归又未报告者按旷工处理。

（4）病假

1.员工因病请假属病假。病假应及时告知本部门负责人。凡请病假者必须出具××市三级以上医院（私立医院无效）的病假证明，无病假证明者按事假处理。

2.员工病假经核实确属严重需住院，连续 7 天，按公司病假管理制度执行，连续病假达到 10 天者，公司可考虑为该病假员工所在岗位聘用其他人员，并协商辞职、辞退事宜。员工患病或非因工负伤，需要连续住院治疗或休养，不能继续工作的，根据国家及××市相关规定，可享受规定的医疗期，医疗期间，只发本市规定的最低工资标准额的生活费，公司给予××市最低社保补助，医疗期满仍不能坚持正常工作的，公司可以予以辞退。

3.病事假扣罚标准如下：

1～3 天扣除当日标准工资 20%，绩效保底、补助全部扣除（住房、社保除外）。

4～7 天扣除当日标准工资 50%，绩效保底、补助全部扣除（住房、社保除外）。

7 天（不含 7 天）以上扣除当日工资，绩效、补助全部扣除（住房、社保除外）。

4.未按以上规定请假者，均以旷工论处。

（5）事假

1.员工因私请假属事假，并应依据批假权限及请假时间进行请假和审批。

2.若遇突发事件，不能履行请假手续，应及时通过电话请假并获批准，并于返岗后当日内填写请假单，部门负责人核实确属实情后，准予补假；返岗当日内报行政部备案。

3.事假以小时为申请单位，不足一小时的按一小时计算。

4.试用期员工请病、事假，试用时间顺延，累计达 5 天者，按自动离职处理。

5.月累计事假 3 天以内，扣除请假天数乘以日工资，月累计事假超过 3 天以上，公司予以劝退。

6.未按以上规定请假者，均以旷工论处（一天当旷工 3 天，连续 3 天者，公司予以辞退）。

第十四条 法定假日

员工享有国家规定的法定节假日。

第十五条 附则

1.本制度由行政管理中心制定，解释权在行政管理中心。

2.本制度由董事长签发，自发布之日起施行。

××年××月××日

图 8-3 考勤管理制度

除此以外，HR 在统计本企业员工的考勤数据时，可自行设计考勤表样式，符合本企业经营管理要求即可。图 8-4 是比较简单的模板。

员工考勤表

员工编号	员工姓名	迟到	事假	病假	全勤奖	迟到扣款	事假扣款	病假扣款

图 8-4 考勤表

约束员工的不规范行为

不规范行为指一些不符合规定或与标准不相符的行为。员工的行为如果不规范，就会使工作出现偏差，收到的效果就会与预期的有偏离，这样就可能产生财务风险。

由此可见，约束员工的不规范行为，是规避财务风险的一项重要工作。常见的员工不规范行为如表 8-8 所示。

表 8-8　常见的员工不规范行为

条　目	行　　为
1	生产人员不按企业的要求操作生产设备，使生产设备的实际使用年限短于其寿命期限
2	生产人员作业时不按规定穿戴安全工作服、安全帽或其他防护器具，造成人身伤害
3	生产人员不按规定的生产程序生产产品，导致残次品过多
4	员工不按规定程序请假，擅自离岗，导致误工，直接影响部门工作的连贯性
5	财会人员在填制凭证时书写不规范，导致登账人员错认数据，或者使有心之人轻易篡改数据，使账目出错
6	出纳人员管理现金时没有做到逐日清点，导致账目出错
7	出纳人员保管保险柜的钥匙不得当，容易使库存现金和一些有价证券被盗
8	财会人员在没有收到确凿的凭据时就放款
9	会计人员不仅管账，还管钱，容易出现财务舞弊行为
10	员工在工作日违反规定饮酒，耽误工作进程
11	员工没有较强的保密意识和法律观念，有意识或无意识地对外泄露公司机密

续表

条目	行为
12	在没有完全领会领导的指示时就盲目地开展工作
13	需要团队协作的工作，因为贪功而自行处理
14	在发生报销事宜时，财会人员没有得到上级领导的审批同意就直接做了账
15	HR不按规定的招聘流程行事，容易给企业招进一些不适合岗位工作的员工
16	HR违反公司的规定进行人事管理，如将迟到、早退的时间标准人为修改而不汇报给上级领导知道
17	仓库管理员不按公司的规定有序地保管物资
18	仓库管理员在未收到合理、合法、合规的入库单或出库单时，就擅自办理了物资入库登记或出库登记
19	销售人员不遵循《中华人民共和国合同法》，擅自更改买卖合同中的法定条款
20	销售人员与客户之间串通，向财会人员提供夸大或虚假的销售信息等

表8-8所述的员工不规范行为，或多或少都会影响企业的正常运营，严重时，会给企业带来不可小觑的经济损失，产生财务风险。如何能有效约束员工的不规范行为呢？主要从以下三个方面入手进行。

◆ 制定员工工作规范：明确员工在自己的工作岗位上应该做什么，不应该做什么，什么行为该有，什么行为不该有等。

◆ 建立完善的监督机制：工作做得好不好，进度如何，会不会有拖延工作的情况等，这些都需要企业通过实时的监督来知晓。在监督的过程中，企业就能审查员工的行为是否规范。

◆ 提高员工的风险防范意识：无论是专门组织员工培训，还是常在工作中给员工灌输不规范行为的危害，都能在员工的潜意识里面增强对风险防范的认知和意识，促使尽最大努力不做出不规范行为，伤害自己，也损害公司的利益。

协助财务人员打击财务舞弊行为

HR 要知道,财务舞弊行为并不是说只有企业的财务人员才会发生的行为,而指一切与企业财务相关的舞弊行为,都是财务舞弊,不分岗位,不分部门。那么究竟什么是财务舞弊呢?

财务舞弊指有目的、有预谋、有针对性的财务造假和欺骗,从而导致与会计报表产生不真实反映的故意行为。往严重方向看,包括贪污公款、贪污公物、一些挪用行为、偷骗税款、转移财产和调节财务等;往小细节看,包括伪造、变造记录或凭证,侵占资产,隐瞒或删除交易事项,记录虚假的交易事项,以及蓄意使用不当的会计政策等。表 8-9 所示是对这些财务舞弊行为的简单说明。

表 8-9 常见的财务舞弊行为

行　　为	解　　释
贪污公款	指财会人员利用职务之便,侵吞、盗窃、骗取或采用其他方法非法占有公有款项的行为。一般发生在会计人员和出纳员相互兼职或相互串通的情况下,有时是会计人员或出纳人员兼任采购、报账人,虚报冒领而发生贪污行为
贪污公物	指财会人员利用职务之便,侵吞、盗窃、骗取或采用其他方法非法占有公有物品的行为。一般发生在会计人员兼任实物保管人或借领用物品的机会冒领实物的情况下,这一行为比贪污公款难操作
挪用行为	指员工将具有特定用途的财产私自或违法用于别处的行为,具体形式有如下几种 1. 私自挪用,指员工在未经单位主管领导授权的情况下,将单位的钱财私自挪作他用,尤其是用于个人的某些支出或消费。常见的手段是"白条抵库" 2. 违法挪用,指财会人员受单位领导的支配,将法定用途的资金改用在其他用途上

续表

行　为	解　释
偷骗税款	指通过在账务处理或其他会计处理环节造假的手段，达到向国家少缴纳税款目的的行为。偷税行为在一般的企业中都可能发生，而骗税行为一般发生进出口贸易公司中
转移财产	指将企业会计账簿中已经进行记录的财产或应进行记录但未做记录的财产，转到账外的行为，或者将本企业财产以捐赠、低价转让、无偿租用等方式转出的行为，具体表现 1. 将应入账的资产有意隐匿不做账，放置在账外 2. 将账内资产借故销账，将相应的资产实物转出企业 3. 将本企业财产长期提供给其他公司或个人无偿使用 4. 将其他单位或个人支付的款项转入第三方账户，或由个人私收等
调节财务	指财会人员按照某种主观意愿在企业的会计资料中做一些技术性的处理，以使会计报表反映的财务状况符合经营者的利益需求的行为 该财务舞弊行为的目的是粉饰业绩，以获得经营者晋升职务、加薪、多分红利或公司上市、筹措资金等方面的好处。主要表现 1. 隐瞒收入 2. 当期该摊销的费用不摊销，该计支出的不记账等
伪造、变造记录或凭证	1. 伪造记录或凭证，指凭空捏造一张原始凭证或一条经济事项的记录 2. 变造记录或凭证，指将一张真实的原始凭证进行金额或经济事项的修改，或者对会计账簿的数据进行人为调节等
侵占资产	指企业的管理层或员工非法占用企业的资产，包括贪污公款、贪污公物和一些挪用行为。具体表现 1. 贪污收入款项 2. 盗取货币资金、实物资产或无形资产 3. 使企业对虚构的商品或劳务支付货款 4. 将企业的资产挪作私用等 侵占资产一般伴随着虚假或误导性的文件记录，做出这种财务舞弊行为的人，其目的是隐瞒资产缺失或未经适当授权就使用资产的事实

续表

行　为	解　释
隐瞒或删除交易事项	指员工将实际发生的交易事项从账面上删除或隐去。如果涉及收入，则属于隐瞒收入；如果涉及款项支付，则属于隐瞒成本、费用
记录虚假的交易事项	指记录的交易事项与事实不符，或者将根本不存在交易事项记录在案。前者可能引起收入减少或成本费用减少，也可能引起收入增加或成本增加；后者则直接虚增收入或虚增成本、费用
蓄意使用不当的会计政策	指财会人员故意使用不正当的会计政策作为依据来调整账目，达到个人的目的，或者达到领导的主观意图。比如，以已经废除的会计政策为依据，计算缴纳各种税款；以已经废除的某项规定作为依据，来进行会计核算等

追根溯源，这些财务舞弊行为的发生均与"人"脱不了干系，因此，企业的HR应协助财务人员有效打击财务舞弊行为。常见的一种比较有效的方法就是进行人事测评。

人事测评指企业的HR对企业的全体员工进行各方面测评，尤其是心理测评。而全体员工当中，HR需要重点进行测评的人群当属财会人员，因为他们是财务工作的直接参与者，比其他员工更易发生财务舞弊行为。HR在对企业员工进行人事测评时，要了解各员工的心理素质和性格品行，尤其是财会人员。

如果某些员工存有私心，很可能为了自身的利益而损害企业的利益，从而使企业面临财务风险，造成严重的经济损失。而人事测评不仅能帮助企业尽早发现有行为失常甚至失格的员工，还能促使企业及时做出应对措施，降低财务舞弊行为给企业带来的损害。

图8-5是某公司设计的财会人员素质测评评分表。各公司可根据自身的经营管理要求和发展需要自行设计样式。

财务人员素质测评评分表			
测评维度	测评要素 测评内容	权重	单项评分
生理素质	体质		
	精力		
知识技能	财务专业知识		
	会计实务操作技能		
	财务管理知识		
专业能力	智力		
	数字敏感性		
	数字反应能力		
	财务专业能力		
	创造力		
人格特质	职业兴趣		
	诚信倾向		
	责任心		
	情绪稳定性		
	内外向性		
	压力承受能力		
合计		100%	

图 8-5　财会人员的人事测评表

工资标准有变动时需及时告知财务部

企业财会人员核算工资，数据结果会牵涉到后续的企业所得税缴纳问题。一旦工资核算不正确，很可能导致最终的税款计算和缴纳出问题，使企业陷入税务风险。实务中，工资核算不正确可能有如下这些原因。

- ◆ 财会人员自身核算出错。
- ◆ 企业内部有关员工的工资标准发生了变动。
- ◆ 企业内部员工的人数发生了变动，或者员工发生了岗位调动，使得工资标准发生变化。

其中，财会人员自身核算出错只能由其提高自身的核算能力和准确性；而其他两种原因无法由财会人员主动控制，所以需要相关责任人辅助财会人员，这些相关责任人就是 HR。

人力资源部的 HR 应每月及时地将所有员工的工资信息提交给财务部门，包括标准工资的变动情况。这样，财会人员才能及时掌握准确的工资数据，从而做正确的账，算正确的税，编正确的报表。

一般来说，如果企业的员工数量和任职岗位等没有发生变化，则财会人员每月会按照原来的标准计算应发工资数，然后做账。如果员工数量或任职岗位等发生变化，且 HR 没有及时向财会人员说明，则财会人员就会按照原来的标准计算工资，这样当期的工资数据就是错误的，存在财务风险。

由于企业内部各员工的工资调整情况都不一样，财会人员无法做统一的预估，因此就需要 HR 提供详尽的工资调整信息。

要制定科学、规范的工作交接制度

对企业来说，工作交接制度就是员工在调动工作或离退休时，把自己掌管的工作和应列入移交的物品，移交给接管人的制度。企业只有建立科学、规范的工作交接制度，才能约束员工的交接工作，保证交接工作顺利完成，从而避免工作出错，导致企业陷入财务风险。

一般来说，工作交接制度中应明确制度的制定目的、工作交接内容、交接流程、交接要求、责任划分以及交接过程中一些问题的处理等规定。不同的企业，可按照自身的发展需求和管理要求增减内容。如图 8-6 所示的是某公司制定的员工工作交接制度。

工作交接管理制度

第一章 总则

第一条 为认真做好岗位的工作交接与公物交接，避免因交接不清引起的工作失误及公物损失，特制定本制度。

第二条 本制度适用于公司各部门、子（分）公司全体员工。

第三条 公司各岗位人员在内部岗位调整、离职或调出（及请假一周以上）时，都必须依照本制度办理工作交接。

第四条 工作交接的责任主体分别为移交人、接收人、监交人以及移交人的直接主管部门。移交人是指将所负责工作和物品移交给接收人的人员；接收人是指直接承接移交人所移交的工作和物品的人员；监交人是指监督移交人、接收人进行工作交接的人员。

第二章 工作交接内容

第五条 应交接的业务工作包括（由离职人员出具书面报告）：
（一）重要客户名单及公共关系名单以及联络方法。
（二）已完成工作的详细工作报告。
（三）未完成工作的各项待办事宜及关键点。
（四）本岗位的岗位职责和分工。
（五）业务流程。
（六）其他纸质和电子工作文件资料。

第六条 应交接的公司物品包括：
（一）用品、办公设备、办公用品、书籍、文件资料（含计算机软件）、钥匙、印章、宿舍等公司物品。
（二）证件、因员工工作需要，公司发给员工的各种证件。
（三）重要文件，包括政府批准证书、营业执照正本、副本、企业章程和各类年检批件等。
（四）员工接收的其他已离职人员的工作资料（全部）。
（五）由财务部门打具的财务款项结清单。
（六）其他重要文件或监交人认为应交接的文件。

第三章 工作交接流程

第七条 职位异动申请批准后，员工开始进行工作交接，到人力资源部领取并填写《员工离任交接清单》。

第八条 当出现属工作交接情形时，由需移交人的直接主管安排工作交接，明确监交人，并安排交接人准备工作交接。

第九条 监交人核实移交人填写的《员工离任交接清单》，必要时作适当调整，确定《员工离任交接清单》。

第十条 工作交接必须移交人、承交人和监交人三方同时在场，逐项按交接清单清点文件和办公物品，核对无误后三人共同签字确认，承交人和监交人对工作交接过程及交接工作的完整性负责。

第十一条 业务工作交接应由交接人向承交人出具书面报告，并认真回答承交人和监交人的有关问题。监交人有权召集公司有关人员了解交接人的业体工作情况。

第十二条 经三方签字确认的《员工离任交接清单》送部门主管审核签字，《员工离任交接清单》原件送人事专员，由其存放入移交人个人档案；《员工离任交接清单》复印件分别留存于移交人和接收人处各一份。

注：对于离职人员，工作交接完成后，还需要填写其他离任表格（《解除劳动关系证明》等），并经过相关领导审核无误签字后，方可离任（详见本公司的离任流程的规定）。

第四章 工作交接要求

第十三条 职位异动申请未经公司领导批准前，员工必须坚守岗位，若因私自离岗或消极怠工，给公司造成直接或间接损失者，公司将控制度予以处罚。

第十四条 当出现因工作调动、请长假或离职等需要工作交接时，应在工作调动、请长假或离职前1日内完成工作交接。

第十五条 如移交人有特别原因不能亲自办理工作交接，须据前申请经部门经理核准后，可由指定负责人代为办理交接，但所有一切责任仍由原移交人负责。

第十六条 工作交接必须附有《员工离任交接清单》，并由交接人、承交人和监交人三方共同签字确认，《员工离任交接清单》填写不详者，或交接手续未办完者，人力资源部不予办理异动手续。

第十七条 工作交接自批准职位异动申请开始，交接时间原则为两个工作日，特殊需要可适当延长时间。

第十八条 工作交接后，岗在公司的离任员工的有关事务由接替人顺利开展工作。

第十九条 工作交接完成后，接收人对交接的工作有不清楚的，应及时联系移交人必须积极配合接收人，直到交接清楚。

第五章 责任划分

第二十条 移交人：处理遗留问题，认真整理移交的各种资产、资料，保证其完整性和真实性，同时梳理工作流程和工作关系，准备移交。

第二十一条 接收人：认真检查交接人的各种资产、材料，保证资产完整无损，同时尽快熟悉工作的各项流程和各种工作关系。

第二十二条 监交人：监交人必须认真审核交接的各类资料，及时发现问题并协同移交人和接收人拟订处理方案上报主管部门。

第二十三条 负责人：认真审核移交工作，对于发现的移交工作中的遗漏问题及时进行处理。

第二十四条 总助办：对交接过程进行检查，对于不负责任给公司造成损失者，严格追究相关人员的责任。

第六章 交接过程中的问题处理

第二十五条 对于交接中发现问题，短时间内能处理完毕的，监交人会同移交人及接收人及时处理意见并上报主管部门门和领导。

第二十六条 如果移交人故意遗漏问题，则必须承担全部责任和损失。

第二十七条 未完成各种交接手续的员工，不得办理离岗手续。

第七章 附则

第二十八条 本制度为公司基本制度，解释权归人力资源部，监督执行权归公司总经办。

第二十九条 本制度自颁发之日起执行，前期相关规定自行作废，未尽事宜将另行补充。

××年××月××日

附件：工作交接表

工作交接表

类型：□工作调动 □请长假 □离职

移交人姓名		部门	
移交人岗位		交接时间	
移交内容	接收人	监交人	备注
岗位职责分工明确			需附资料清单
文件资料			需附文件/资料清单
业务流程			
设备			需附设备清单
工具			需附工具清单
办公用品、证件			需附办公用品清单
备用金			
待办事项			
其他			
移交人签字		直接主管签字	
部门负责人签字			

备注：如交接内容受表格限制，可在表附页。

核准： 审核： 编制：

图 8-6 员工工作交接制度

按照企业制定的员工工作交接制度办理交接工作，可有效防止交接工作未完全办理清楚就找不到责任人的情况，对防范财务风险有实质性作用。

仅仅制定了员工交接制度还不够，还需要 HR 和财会人员共同合作，完善员工交接工作的手续办理和账务处理。

◆ HR 和财会人员协同办公完善员工的交接事务的处理

员工离职或调换岗位的，HR 应核对员工入职手续时提供的个人相关证件材料，分析员工离职心理，找到员工离职的动机。根据相关工作制度和物品管理制度，检查离职或调离岗位的员工对办公物品的管理、领用和使用的登记备案情况。若发现员工擅自带走公司财物且数额较大，则应及时向有关部门报告，维护公司利益。另外，协助员工办理交接手续。

◆ 离职或调岗的薪资处理

离职往往是劳动纠纷的多发阶段，而调岗也会涉及工资的变动，为了防范财务风险和法律风险，HR 和财会人员应做好相关事务，如一次性结清员工工资，该支付经济补偿金和赔偿金的要按时支付，妥善处理其他薪酬福利事项，如社保和住房公积金的核算。

◆ 进行人事档案的转移

员工离职时，企业有义务为员工办理必要的相关手续，包括向员工出具离职证明、转移员工个人人事档案等。而员工调岗的，也需要 HR 及时变更员工的人事档案。

◆ 离职手续文件的签署或调岗手续的办理

员工离职时，公司应要求离职员工签署离职文件，履行必要的内部手续。常见的是与公司机密有关的文件的签署。而员工调岗的，也应签署相应的调岗文件，以示岗位调动生效。人力资源部要协助公司妥善保管这些离职文件，在内容和形式上要完整、准确地记录离职或调岗流程和手续内容，防止员工离职或调岗后对公司提起劳动争议仲裁申诉，损害公司的利益。

保管好劳动合同资料以规避经济纠纷

劳动合同资料是企业投入人力资本、使用人力资源的最原始证明文件，需要 HR 妥善保管，防止出现劳动争议和经济纠纷，给公司带来经济上和名誉上的双重损失。

需要 HR 妥善保管的劳动合同相关资料如表 8-10 所示。

表 8-10　需要妥善保管的劳动合同资料

条　目	资　料
1	员工登记表（记录个人信息的资料）
2	劳动合同台账（记录劳动关系的变化情况）
3	员工统计表（记录公司组织结构的调整情况）
4	专项协议台账（员工特殊情况的管理）
5	社会保险及医疗期台账（记录员工的各项权益情况）
6	员工培训台账（记录员工的培训情况）
7	终止和解除劳动关系台账（记录员工的离职和工作绩效情况）
8	其他必要的台账，如人力资源发展规划管理

这些劳动合同的相关资料与员工的工资核算有千丝万缕的联系，管理好才能减少离职或调岗后因为工资问题发生经济纠纷的可能性。

读者意见反馈表

亲爱的读者：

感谢您对中国铁道出版社有限公司的支持，您的建议是我们不断改进工作的信息来源，您的需求是我们不断开拓创新的基础。为了更好地服务读者，出版更多的精品图书，希望您能在百忙之中抽出时间填写这份意见反馈表发给我们。随书纸制表格请在填好后剪下寄到：北京市西城区右安门西街8号中国铁道出版社有限公司大众出版中心 王佩 收（邮编：100054）。或者采用传真（010-63549458）方式发送。此外，读者也可以直接通过电子邮件把意见反馈给我们，E-mail地址为：1958793918@qq.com。我们将选出意见中肯的热心读者，赠送本社的其他图书作为奖励。同时，我们将充分考虑您的意见和建议，并尽可能地给您满意的答复。谢谢！

所购书名：_____

个人资料：

姓名：_____ 性别：_____ 年龄：_____ 文化程度：_____

职业：_____ 电话：_____ E-mail：_____

通信地址：_____ 邮编：_____

您是如何得知本书的：
□书店宣传 □网络宣传 □展会促销 □出版社图书目录 □老师指定 □杂志、报纸等的介绍 □别人推荐
□其他（请指明）_____

您从何处得到本书的：
□书店 □邮购 □商场、超市等卖场 □图书销售的网站 □培训学校 □其他

影响您购买本书的因素（可多选）：
□内容实用 □价格合理 □装帧设计精美 □带多媒体教学光盘 □优惠促销 □书评广告 □出版社知名度
□作者名气 □工作、生活和学习的需要 □其他

您对本书封面设计的满意程度：
□很满意 □比较满意 □一般 □不满意 □改进建议

您对本书的总体满意程度：
从文字的角度 □很满意 □比较满意 □一般 □不满意
从技术的角度 □很满意 □比较满意 □一般 □不满意

您希望书中图的比例是多少：
□少量的图片辅以大量的文字 □图文比例相当 □大量的图片辅以少量的文字

您希望本书的定价是多少：

本书最令您满意的是：
1.
2.
您在使用本书时遇到哪些困难：
1.
2.
您希望本书在哪些方面进行改进：
1.
2.
您需要购买哪些方面的图书？对我社现有图书有什么好的建议？

您更喜欢阅读哪些类型和层次的书籍（可多选）？
□入门类 □精通类 □综合类 □问答类 □图解类 □查询手册类
您在学习计算机的过程中有什么困难？

您的其他要求：